Hannelore Deußing

ALLES KOPFSACHE

Gedächtnistraining mit der Bibel

Mit Gedächtnis-TÜV und Trainingsprogramm

scm R.Brockhaus

Text- und Abbildungsnachweis:

- Ernährungspyramide mit freundlicher Genehmigung des systemed Verlags, Lünen
- tabellarische Übersicht ab S. 30 aus: Feed Your Brain von Cornelia Andrea Lüthi, Zürich: Orell Füssli Verlag, 2.Aufl. 2002.
- Bibelverse wurden zitiert nach der Lutherbibel, revidierter Text 1984, durchgesehene Ausgabe in neuer Rechtschreibung,

und nach der Gute Nachricht Bibel, revidierte Fassung, durchgesehene Ausgabe in neuer Rechtschreibung,

Umschlag: Ralf Krauß, Herrenberg
Satz: Burkhard Lieverkus, Remscheid
Druck: Jesusbooks, Großburgwedel
ISBN-10: 3-417-24938-4
ISBN-13: 3-417-24938-5
Bestell-Nr. 224 938

Inhalt

Danksagung

Ich bedanke mich bei allen Freunden und Bekannten
für die persönlichen Gespräche
und fachlichen Diskussionen,
die mich ermutigt
und zur Entstehung des Buches beigetragen haben.

Vorwort

Es ist gut, sich auf sein Gedächtnis verlassen zu können.

Eine Flut von Informationen, Gefühlen und Ereignissen strömt täglich auf uns ein. Gewollt und manchmal auch ungewollt setzen wir uns dieser Flut aus. 100 Milliarden Nervenzellen in unserem Gehirn arbeiten zusammen, um Wichtiges und Unwichtiges voneinander zu trennen, Informationen zu verstehen, sie einzuarbeiten in die entsprechenden Gedächtnisspeicher, sie mit anderen Inhalten und Regionen unseres Gehirns zu verknüpfen, damit sie uns bei passender Gelegenheit wieder zur Verfügung stehen.

Total genial! Unser Gehirn ist ein Wunderwerk der Schöpfung!

Gehen Sie mit mir auf eine Entdeckungsreise. Sammeln Sie mit mir Wissenswertes über das Gedächtnis, enträtseln Sie Übungen aus dem Gedächtnistraining, finden Sie Anregungen für persönliche Texterarbeitungen oder Bibelarbeiten, fördern Sie Ihr Gedächtnis und entdecken Sie, wie viel Spaß es macht, das Gehirn auf Trab zu bringen.

Im ganzen Buch verteilt werden Sie auf kurze Übungsaufgaben und Tipps treffen, die Sie als »Mini-Trainingsaufgaben« zwischendurch lösen oder auch zur Vertiefung des theoretischen Teils verwenden können. Einige eignen sich auch z.B. für den Einstieg in einen Gesprächskreis.

Viel Spaß beim Lesen und Tüfteln!

Hannelore Deußing

Wo ist das Seepferdchen? Der Bauplan unseres Gehirns

Anatomie und Funktionsweisen des Gehirns

Ich stehe in einem sonnendurchfluteten Raum. Es riecht nach Alkohol und Formaldehyd. Vor mir steht ein Tisch, der mit einem Tuch verdeckt ist. Ich weiß: Unter dem Tuch befinden sich eingelegte und konservierte Gehirne. Dies liest sich wie ein Krimi, doch in Wahrheit befinde ich mich in einem Anatomieseminar. Der Dozent erklärt einiges zur Vorgehensweise und das Tuch wird entfernt. Seltsam viele Bilder in den Anatomiebüchern sind bunt oder einfach nur grau. Diese Gehirne sehen rosa-grau aus. Deutlich sind die beiden Gehirnhälften zu sehen. Der Dozent nimmt die beiden Hirnhälften auseinander. Schicht für Schicht werden die einzelnen Hirnteile sichtbar. Das Großhirn legt sich wie eine Art Mütze über alle anderen Hirnteile und nimmt den größten Raum ein. Deutlich sind die einzelnen Fältelungen der Hirnwindungen zu sehen. Könnte man diese Fältelungen alle auseinander falten, dann würden sie eine Fläche von 4 DIN-A4-Blättern bedecken. Über 100 Milliarden Nervenzellen sind hier angelegt.

Unser Gehirn enthält 100 000 000 000 Nervenzellen

In den nur unter dem Mikroskop zu sehenden Nervenzellen liegen alle unsere Gedanken, Fähigkeiten, Emotionen, unser Wissen und unsere Persönlichkeit verborgen. Meine Gedanken wandern zu dem unbekannten Menschen, der seinen Körper der Medizin zur Verfügung gestellt hat. Die Stimme des Dozenten ruft mich zurück zu den harten Fakten und das Seminar geht weiter.

Ich möchte Ihnen auf den kommenden Seiten einige Strukturen des Gehirns erläutern. Bevor ich Ihnen einiges über Anatomie und Funktionsweise erzähle, möchte ich Ihnen noch etwas über den wesentlich kleineren Baustein des Gehirns erzählen:

Die Nervenzelle als Schaltzentrale

Die Nervenzelle (Neuron) besteht aus:

- Zellkern und Zellkörper, die den Stoffwechsel der ganzen Zelle steuern und Informationen an die Nervenfaser weiterleiten;
- der Nervenfaser (Axon). Sie ist ummantelt mit Markscheide, kann eine Länge bis ca. 1m haben, ist am Ende verzweigt und kugelförmig verdickt zu einer Synapse und leitet Informationen an andere Zellen weiter;
- Dendriten: ca. 1000 kurze Fasern pro Nervenzelle, empfangen Informationen von anderen Zellen;
- Synapsen. In ihnen endet die Nervenzelle, sie bilden die Kontaktstelle zur nächsten Nervenzelle oder anderen Zellen wie z.B. Muskelzellen. Zwischen Synapse und folgender Zelle befindet sich ein Freiraum, der synaptische Spalt;
- Neuronen sind umgeben von Gliazellen (Bindegewebe), die zur Isolierung, als Stützapparat und zur Nährstoffbereitstellung dienen.

Ein Mensch aus einer primitiven Kultur mag beim Anblick eines Autos denken, dass es vom Wind bewegt wird oder von einer unter dem Wagen versteckten Antilope. Aber wenn er die Motorhaube öffnet und den Motor sieht, wird ihm sofort klar, dass es ein genau geplantes Wunderwerk ist. Genauso haben Biochemiker die Zellen geöffnet, um zu untersuchen, was sie am Laufen erhält – und wir erkennen, dass sie ein genau geplantes Wunderwerk sind.

Michael J. Behe

Die Informationsweitergabe können wir uns sehr vereinfacht in dieser Reihenfolge vorstellen: Die Dendriten am Hauptteil der Nervenzellen empfangen elektrische Impulse von benachbarten Zellen. Über den Zellkern wandert die Information weiter an die Nervenfaser und geht von dort aus über die Synapsen z.B. an die Dendriten der nächsten Nervenfaser. Der Erfolg der Weiterleitung ist abhängig von der Stärke des ankommenden Reizes sowie von den in den Synapsenspalt strömenden Botenstoffen (Neurotransmitter), die erregende und hemmende Funktion haben.

Neurotransmitter sind biochemische Botenstoffe mit sehr komplexen Wirkungen. Die bekanntesten sind Acetylcholin, Adrenalin, Noradrenalin, Dopamin, Serotonin und Endorphin. Da die gleichen Stoffe je nach Wirkort und Zusammenhang mit anderen Mechanismen unterschiedliche Auswirkungen haben können, möchte ich hierauf nicht weiter eingehen. Jedes Lexikon oder allgemein verständliche Buch über den menschlichen Körper kann hierüber Aufschluss geben.

Wir haben etwa so viele Nervenzellen in unserem Gehirn, wie es Sterne im Universum gibt.

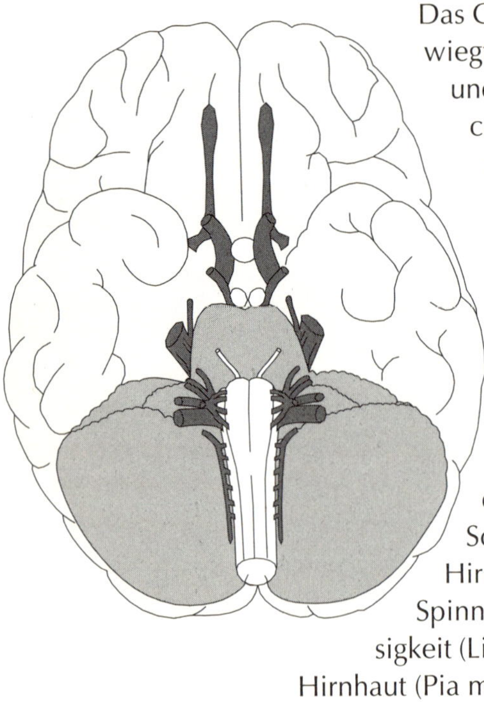

Das Gehirn eines Menschen wiegt etwa 1500 Gramm und hat ein Volumen von ca. 1400 Kubikzentimetern. Als neugeborene Babys haben wir ein Hirngewicht von ca. 400 Gramm.

Das menschliche Gehirn wird mehrfach geschützt durch die Kopfhaut, den Schädelknochen und die darunterliegenden Schichten der harten Hirnhaut (dura mater), der Spinnwebhaut mit Hirnflüssigkeit (Liquor) und der weichen Hirnhaut (Pia mater).

Auf den ersten, oberflächlichen Blick gliedert sich unser Gehirn in vier Teile: Großhirn, Zwischenhirn, Hirnstamm (Mittelhirn und verlängertes Rückenmark) und Kleinhirn. Stellen Sie sich vor: Sie schauen von oben auf das Gehirn und Sie können wie in einem Bausatz verschiedene Teile entfernen.

DAS GROSSHIRN (Cerebrum)
Zuerst schauen Sie auf das Großhirn, das alles andere bedeckt. Es ähnelt ein wenig der Oberfläche einer Walnuss und hat die Konsistenz von festem Pudding. Es besteht aus zwei Hälften, der linken und rechten Hemisphäre (von griech. hemisys = halb und sphaira = Kugel), die über den Balken (Corpus Callosum) miteinander verbunden sind.

Jede Hirnhälfte lässt sich noch weiter in bestimmte Funktionsbereiche unterteilen. Bei einem Seitenanblick können Sie sich etwa in der Mitte die so genannte Zentralfurche vorstellen. Im vorderen Bereich liegen auf beiden Hälften die Felder, die für Motorik (Bewegung) zuständig sind. Im hinteren Bereich ist dagegen die sensorische (Sinnes-)Wahrnehmung angesiedelt.

Es gibt hier noch vier weitere Unterteilungen auf jeder Hirnhälfte:

- Stirnlappen (Frontallappen) – vorne
- Scheitellappen (Parietallappen) – oben seitlich
- Schläfenlappen (Temporallappen) – auf der Seite
- Hinterhauptslappen (Okzipitallappen) – hinten

Würde man einen Querschnitt durch das Gehirn machen, könnte man außerdem noch die so genannte weiße und graue Substanz erkennen. Umgangssprachlich ist oft die Rede von den »grauen Zellen«.

Die graue Substanz (Hirnrinde = Kortex) besteht wirklich aus Milliarden von Nervenzellen, wohingegen die weiße Substanz die Hauptfortsätze (Axone) der Neuronen bildet. Auch zwischen der weißen Substanz gibt es weitere Neuronen. Sie werden als Kerne (Ganglien) bezeichnet. So genannte Basalganglien, paarig angelegte Kerne, sind vorwiegend für motorische Aktivitäten zuständig, andere Ganglien übernehmen sensible und vegetative Aufgaben.

Würden wir nun das Großhirn in unserem Modell einfach abheben, dann sähen wir ungefähr in der Mitte darunter:

Das Zwischenhirn (Diencephalon)
Hier befindet sich der Thalamus (Sehhügel). Er bildet die Verbindungsstelle zwischen der Hirnrinde und den tiefer liegenden Zentren sowie das Tor zum Großhirn und zum Bewusstsein. Im unteren Bereich liegt der Hypothalamus.

Hier werden unter anderem Appetit, Schlaf und Hormone gesteuert. Beim Blick auf die nächst tiefer gelegene Ebene schauen wir auf den Hirnstamm.

Der Hirnstamm
gliedert sich in das Mittelhirn mit Brücke (Pons) und Nachhirn, das gleichzeitig das verlängerte Rückenmark ist (Medulla oblongata). Im Mittelhirn ist der Sitz der schwarzen Substanz (substantia nigra), einigen sicherlich bekannt im Zusammenhang mit der Parkinsonschen Krankheit. Im Mittelhirn befindet sich auch zum Beispiel die Umschaltstelle für die zentrale Hörbahn.

Vom Hirnstamm aus werden lebenswichtige Funktionen wie Atmung, Blutdruck oder Herzfrequenz gesteuert. Auch Reflexe wie Schlucken, Husten oder Erbrechen lenkt der Hirnstamm.

Im Corpus Callosum (Balken) kreuzen sich Nervenfasern, die von einer Hemisphäre zur anderen ziehen. Diese Kreuzungsstelle ist der Grund, dass die rechte Hirnhälfte für die Motorik der linken Körperhälfte und die linke Hirnhälfte für die Motorik der rechten Körperhälfte zuständig ist.

Neben dem Hirnstamm, am Hinterkopf gelegen und vom Großhirn »übermützt«, liegt das Kleinhirn.

Das Kleinhirn (Cerebellum)
Es hat etwa ein Achtel der Größe des Großhirns und ist ebenso in seiner Oberfläche gefältelt und hat zwei Hemisphären.

Seine Hauptaufgaben:

- die Kontrolle der Muskelspannung
- der Erhalt des Gleichgewichtes
- es ist Koordinations- und Kontrollzentrum von Bewegungsabläufen.

Hier werden die Bewegungen in allen Feinheiten gesteuert und aufeinander abgestimmt. Hier wird z.B. ein zielgerichtetes Greifen möglich gemacht. Das Kleinhirn ist wesentlich beteiligt, wenn Sie Fahrrad fahren, kegeln gehen oder Hiphop tanzen. Im Kleinhirn selbst werden jedoch keine Bewegungen ausgelöst.

Das Kleinhirn ist für die Koordination unserer Bewegungen zuständig.

DAS LIMBISCHE SYSTEM

Das Randgebiet zwischen Hirnstamm und Großhirn wird als limbisches System bezeichnet und ist im Wesentlichen verantwortlich für unsere Gefühlsreaktionen wie Wut, Freude Trauer usw. Zum limbischen System gehören u.a. Regionen des Großhirns:

- Der Hippocampus (das »Seepferdchen«) ist die Umschaltstelle für Erinnerungen und Informationen, die die Ablage von Erinnerungen betreffen. Er vermittelt auch zwischen Kurzzeit- und Langzeitspeicher.
- Der Gyrus cinguli, zusammen mit dem Hippocampus das Zentrum des limbischen Systems, hat besondere Bedeutung im Zusammenhang mit Emotionen, mit dem Motivationsverhalten und Lernvorgängen.
- Die Amygdala (= Mandelkerne): Hier entsteht u.a. eine Verbindung zwischen dem Geruchssinn und emotionalen Reaktionen.

Auch die Region des Zwischenhirns gehört zum limbischen System:

- der Hypothalamus;

– der Thalamus, der für ankommende Impulse die Umschaltstelle zur Großhirnrinde bildet und auch das Tor zum Bewusstsein genannt wird;
– die Formatio reticularis, ein netzartiges Geflecht, das Erregungen der Sinnesbahnen verstärken kann.

Beim limbischen System handelt es sich um keine Hirnregion an einem bestimmten Ort, sondern um Strukturen, die funktionell miteinander verbunden sind.

Übrigens unterscheidet das limbische System Bilder nicht nach Vorstellung oder Wahrheit. Hierin erklärt sich unter anderem auch die Wirkung von Phantasiereisen, Ruhebildern oder Visualisierungsübungen.

Das limbische System ist verantwortlich für unsere Gefühle.

Nicht alle medizinischen Begriffe und entsprechenden anatomischen Gebiete werden hier im Einzelnen erklärt, da dies den Rahmen des Buches sprengen würde. Ich erwähne sie jedoch, um Ihnen bei weiterführender Literatur eine bessere Zuordnung zu ermöglichen.

Beispiele für die Arbeitsweise des Gehirns

Ich möchte Ihnen aus drei anderen Blickwinkeln noch etwas über die Komplexität des Gehirns und dessen unterschiedliche Vernetzungen berichten:

1. Beispiel: Verschaltungen und unterschiedliche Vernetzungen
Die Amygdala z.B. besteht aus 13 Einzelkernen und entsprechenden Untereinheiten. Sie erhält über Faserverbindungen zahlreiche Informationen aus höheren Hirnzentren und ist u.a. zuständig für das Empfinden von Angst. Informationen, die über aufsteigende (afferente) Nervenbahnen zur Amygdala gelangen, werden in sekundären visuellen, sensorischen und auditorischen Gehirnarealen verarbeitet bzw. im Thalamus verschaltet. Darüber hinaus hat die Amygdala über ihre absteigenden (efferenten) Nervenbahnen Kontakte zu:

- Hypothalamus (zur Aktivierung des Nervus Sympathicus des Vegetativen Nervensystems)
- zur Formatio Reticularis (zur Verstärkung von Reflexen)
- zu Nervus Trigeminus (5. Hirnnerv) und Nervus Facialis (7. Hirnnerv), die ängstliche Gesichtsausdrücke auslösen können
- zum Nervus Vagus (10. Hirnnerv), der den Magen-Darm-Trakt beeinflusst

usw.

Eine kleine Gedächtnisaufgabe auch für medizinische Laien: Merken Sie sich die zwölf Hirnnerven mit Hilfe eines Merksatzes. In der Tabelle unten finden Sie jeweils die Nummer und den Namen des Nervs sowie ein Merkwort. Nacheinander gelesen ergeben die Merkworte einen Merksatz. Die Merkworte enthalten jeweils Buchstaben aus den Namen der Nerven.

I.	N. Olfactorii	Onkel
II.	N.Opticus	Otto
III.	N. Occulomotorius	orgelt
IV.	N. Trochlearis	tag-
V.	N. Trigeminus	täglich,
VI.	N. Abducens	aber
VII.	N. Facialis	freitags
VIII.	N. Vestibulo- cochlearis	verspeist
IX.	N. Glosso-pharyngeus	er gerne
X.	N. Vagus	viele
XI.	N. accessorius	alte
XII.	N. Hypo-glossus	Hamburger.

Im weiteren Verlauf des Buches wird Ihnen die Aufgabe wieder begegnen.

2. Beispiel: Der Nussbaum

Eine andere, wesentlich vereinfacht dargestellte, Form des Gehirn-Netzwerks:

Ich schaue auf den Nussbaum im Garten.

Die Einzelteile des Baumes fallen als Lichtreflexe in mein Auge. Sie nehmen den Weg über die Hornhaut, Pupille, Linse, Netzhaut auf dem Augenhintergrund zum Sehnerv. Von dort geht das Bild als elektrischer Impuls über die Sehnervenkreuzung und die Umschaltstelle Thalamus und die zentrale Sehbahn zur primären Sehrinde im Hinterhauptslappen. Nun werden alle Eindrücke sortiert und in der sekundären Sehrinde geordnet. Hier werden sie nun mit Zentren im Großhirn verschaltet, die für, Emotionen, Sprache usw. zuständig sind.

Soweit Hirnforscher wissen, gibt es ca. 30 verschiedene Zentren im Gehirn allein für das Sehen.

Mein Gedächtnis liefert mir zum Thema Nussbaum:
- eine Menge Wissenswertes über Anbau und Nutzung,
- die Erinnerung an den Baum in unserem Garten und wie oft wir in dem Laub gespielt haben,
- wie schön dieses Spielen war, wie kreativ sich Figuren aus den Blättern zupfen lassen,
- wie gut frische Walnüsse schmecken,
- wie viel Kraft man zum Walnussknacken braucht,
- wie sich der Herbstregen in den großen Blättern anhört
- und vieles mehr.

Sehen ist nicht einfach Sehen. In unserem Gehirn werden in einem unvorstellbaren Tempo kleinste Teile zusammengefügt, um uns das Erkennen des Baumes möglich zu machen. Es werden z.B. die unterschiedlichsten Hell-Dunkel-Schattierungen analysiert, um uns zum Beispiel zu erschließen, ob die Blätter feucht sind. Die unterschiedliche Lichtreflexion wird mit vielen anderen Details unseres Wissens verknüpft, um zu schlussfolgern: Die Blätter sind feucht. Es hat geregnet oder: Vorsicht Rutschgefahr.

In meiner Arbeit als Ergotherapeutin lernte ich einen Patienten kennen, der nach einem Schlaganfall Ausfälle im Bereich des Hinterhauptlappens (an der Sehrinde) hatte. Es war ihm nicht möglich, ein Glas oder eine Flasche als solche zu identifizieren. Damit gab ihm sein Gehirn keinerlei Hinweise zum Gebrauch dieser Gegenstände, die er sehr wohl sah. Erst als ich das Glas an die Flasche klingen ließ und Wasser einschüttete, konnte er über die beiden Geräusche erkennen, was die beiden Gegenstände vor ihm bedeuteten.

Solche Erlebnisse machen mich dankbar für die Schöpfung und das Wunderwerk Gehirn.

3. Beispiel: Zwei Geschäftsführer

Ich möchte mit Ihnen noch einen anderen Blick auf die Arbeitsweise des Gehirns werfen, nämlich auf die unterschiedlichen Fähigkeiten der beiden Hirnhälften.

Stellen Sie sich vor, sie kommen in eine Firma mit zwei Geschäftsführern. Beide haben Kompetenzen, Weisungsbefugnisse und auch ihre Spezialgebiete. Und nur in der Zusammenarbeit liegt ihr Erfolg. Jeder setzt seine besonderen Qualifikationen ein. Und so funktioniert es auch in unserem Gehirn:

Die linke Hemisphäre ist eher die rationale Seite, wohingegen die rechte Hemisphäre eher die kreative ist.

linke Hemisphäre	**rechte Hemisphäre**
linear	räumlich
Sprache verbal	Sprache nonverbal (Mimik, Gestik, Tonlage), Bilder
Systematik	Kreativität
Mathematik	Emotion
Logik	Intuition
Analyse	Synthese, Vermutung, Bedeutung
Wissenschaft	Kunst, Musik
Zeit, Zeitgefühl	Raum

Hier ein Beispiel: Sie hören Musik. Es wird die Gehirnregion rechts vorne angesprochen. Schon wenn Sie anfangen, sich Gedanken zu machen über die Anzahl der Musikinstrumente oder über die Tonart, dann »hören« Sie Musik auch links im Temporallappen.

In der Zusammenarbeit und Vernetzung verschiedenster Hirnareale sowie in der Speicherung und dem Abruf von Inhalten liegt die Qualität unserer Hirntätigkeit.

Ich hoffe, ich habe Ihnen einen verständlichen und spannenden Einblick in Anatomie und Funktionsweise unseres Gehirns gegeben und Sie neugierig auf mehr gemacht. Die Hirnforschung ist in den letzten Jahren zu vielen neuen Ergebnissen gekommen. Viele dieser Forschungen werden medizinisch zum Nutzen des Menschen eingesetzt.

Und doch gibt es in diesem Gebiet noch viel zu erforschen.

Gedächtnisaufgabe:
Versuchen Sie nun anhand des Merksatzes die Nerven zu nummerieren:

____________________ N. Hypo-glossus

____________________ N. Abducens

____________________ N. Olfactorii

____________________ N. Opticus

____________________ N. Occulomotorius

____________________ N. Facialis

____________________ N. Vagus

____________________ N. Glosso-pharyngeus

____________________ N. Trochlearis

____________________ N. Vestibulo-cochlearis

____________________ N. Trigeminus

____________________ N. accessorius

Wie funktioniert unser Gedächtnis?

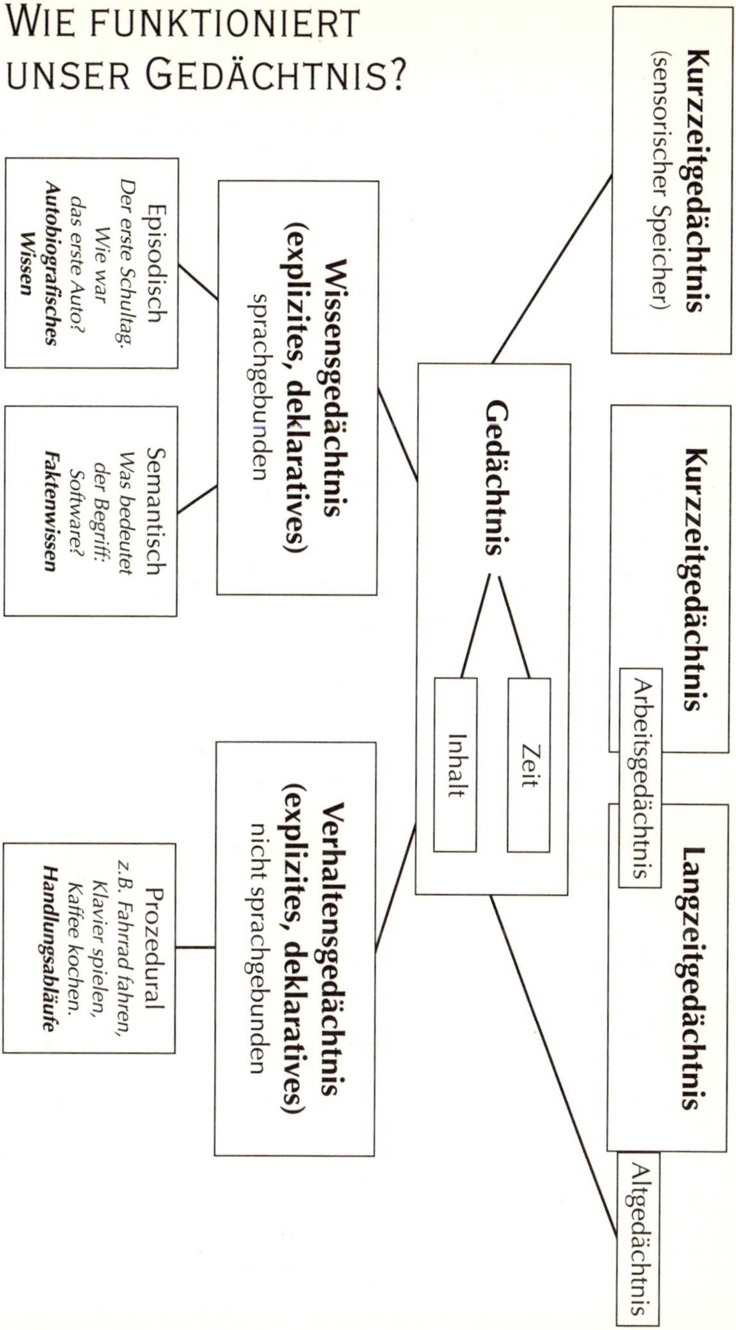

WAS IST GEDÄCHTNIS ÜBERHAUPT?

Gedächtnis kann man definieren als die Summe aller Nachrichten und Erlebnisse, die kurzfristig oder nachhaltig in meinem Gehirn bzw. meinem Körper aufbewahrt werden. Informationen, die abgelegt, gespeichert und bewusst oder unbewusst wieder abgerufen werden. Die mich handlungsfähig und kommunikationsfähig auf physischer, psychischer, geistiger, geistlicher und sozialer Ebene machen.

> *Bei Gedächtnisproblemen, die Sie im Alltag einschränken, ist Ihr Hausarzt der erste Ansprechpartner.*

In meiner Arbeit begegne ich vielen Menschen, die Schwierigkeiten mit ihrem Gedächtnis haben. Manche von ihnen sind Menschen wie ich, deren Begabung, Namen zu behalten, auf jeden Fall ausbaufähig ist. Andere sind in Stresssituationen oder gar infolge einer Erkrankung wie z.B. einer Depression in ihrer Merk- und Konzentrationsfähigkeit eingeschränkt.

Menschen mit starken Defiziten in ihrem Gedächtnis wie Menschen mit Demenzerkrankung leben unter Umständen in ihrer eigenen Welt. Sie erleben vielleicht gerade in dem Moment, wo ich ihnen gegenübersitze, nicht die gleiche Wirklichkeit wie ich und tun sich schwer, sich in meiner Realität zurechtzufinden.

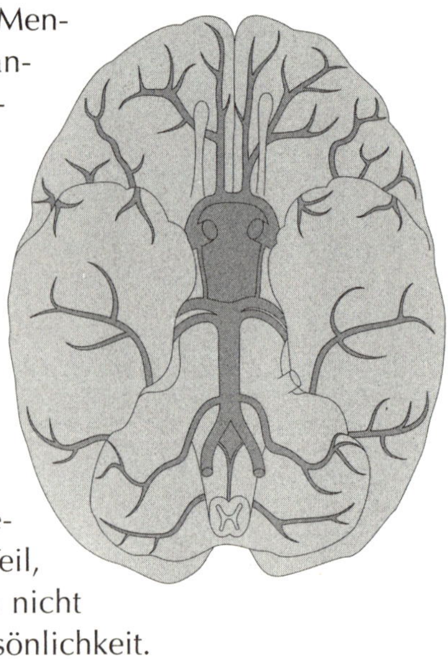

Mein Gedächtnis bestimmt zu einem großen Teil, wer ich bin, und ist doch nicht alles an und in meiner Persönlichkeit. Denn ein Mensch ist mehr als bloß die Summe seiner physischen und psychischen Teile. Sein Wesen und seine Würde als Person werden ihm von Gott geschenkt und hängen nicht von eigener Leistung, auch nicht von derjenigen der Erinnerung oder des Gedächtnisses ab.

Dennoch bestimmt unser Gedächtnis ganz wesentlich unser Selbstbild. Intakte Gedächtnisfunktionen sind wichtig, damit wir unseren Alltag bewältigen und gestalten und uns weiterentwickeln können.

Aufgaben des Gedächtnisses

Informationen werden

- aufgenommen,
- bewertet und sortiert,
- abgelegt und gespeichert (codiert),
- verknüpft und bewahrt.
- Gespeichertes wird wieder abgerufen (decodiert).

Wie werden Gedächtnisinhalte gespeichert?

In der folgenden Skizze wird die zeitliche sowie inhaltliche Verarbeitung von Reizen deutlich. Im Wesentlichen sind die inhaltlichen Anteile im Langzeitgedächtnis gespeichert, zum geringeren Teil auch im Kurzzeitgedächtnis, z.B. die Telefonnummer meines Freundes Paul.

Normalerweise gehören solche Nummern zum Bereich »Wissen« und werden im semantischen Gedächtnis abgelegt. Aber wenn ich sie gerade erfahre, passiert diese Telefonnummer über mein Gehör das Ultrakurzzeitgedächtnis. Sie verweilt für eine kurze Zeit im Kurzzeitgedächtnis und wird dort durch Wiederholung so lange gehalten, bis ich sie entweder auswendig gelernt oder aufgeschrieben habe.

Falls ich sie häufig brauche oder aus anderen Gründen oft an Paul denke, ist die Wahrscheinlichkeit hoch, dass ich auch ohne Aufschreiben die Telefonnummer im Arbeitsspeicher meines Gedächtnisses über mehrere Stunden oder Tage behalte.

Das Ultrakurzzeitgedächtnis (Sensorischer Speicher)

Alle über unsere fünf Sinne (Sehen, Hören, Riechen, Schmecken, Tasten) eingehenden Informationen werden zunächst im Ultrakurzzeitgedächtnis gespeichert.

> *Wirksames Gedächtnistraining berücksichtigt die zeitliche Gliederung der Gedächtnisfunktionen.*

Die Verweildauer der Information wird von verschiedenen Gedächtnisforschern unterschiedlich angegeben. Sie beträgt jedoch nur wenige Millisekunden. Die Information wird erstbewertet im Hinblick darauf, ob sie in das Kurzzeitgedächtnis aufgenommen werden soll. An diesem Vorgang sind als Hirnregionen u.a. das limbische System und insbesondere die Amygdala beteiligt, die z.B. eine schnelle Entscheidung darüber fällen müssen, ob eine Situation gefährlich ist.

Das Kurzzeitgedächtnis

Hier beträgt die Verweildauer der Informationseinheiten (=chunks) höchstens 15 Sekunden, wenn die Einheiten nicht wiederholt werden. Länger bleiben die *chunks* im Kurzzeitgedächtnis, wenn bewusst über sie nachgedacht oder sie bewusst wiederholt werden.

Je nach Inhalt werden die Informationen im Langzeitgedächtnis abgelegt. Beim Speichern und Abrufen ist der Hippocampus die Hauptschaltstelle im Gehirn. Neue Informationen überlagern im Kurzzeitgedächtnis allmählich die alten Informationen, wobei immer das zuerst ersetzt wird, was schon am längsten vorhanden ist. Etwa sieben Informationseinheiten werden gleichzeitig behalten. Die Bündelung (chunking) von Informationen erhöht die Kapazität des Kurzzeitgedächtnisses.

Testen Sie die Speicherkapazität Ihres Kurzzeitgedächtnisses!

- Decken Sie die unten stehenden Zahlenreihen mit einem Blatt Papier zu.
- Decken Sie die erste Reihe auf und merken Sie sich die Zahl.
- Verdecken Sie die Zahlenreihe wieder und notieren Sie die Zahl aus dem Gedächtnis.
- Fahren Sie Reihe für Reihe fort.

853

3921

84032

164857

5309629

48639032

869742190

7539752178

Wie weit ist es Ihnen gelungen?

Normalerweise können wir uns eine Reihe von ca. 7–8 Ziffern merken. Um die Speicherkapazität zu erhöhen, ist es möglich, sich der Bündelung zu bedienen. Dies geschieht konkret, indem Informationseinheiten zusammengefasst werden.

Probieren Sie es mit den Zahlen auf Seite 22 aus.

Verfahren Sie wie bei der vorherigen Übung.

– Bündeln Sie die Ziffern in verschiedene Zahlenkombinationen:

34 0 76
43 89 73
758 0 943
987 396 53
945 852 931
1 074 853 275

Wie ist es Ihnen gelungen?

Wird die Information im Kurzzeitgedächtnis mit Bedeutung gefüllt, dann bleibt sie länger. Beispiel: In einer Vorstellungsrunde höre ich das Hobby einer Teilnehmerin und denke: Meine Freundin hat das gleiche Hobby. Mit diesem Bedeutungsinhalt hat die Information größere Chancen, in meinem Langzeitgedächtnis abgelegt (codiert) zu werden.

Das Arbeitsgedächtnis oder der Arbeitsspeicher

In der entsprechenden Fachliteratur wird dieser Begriff zum Teil als Synonym für das Kurzzeitgedächtnis genutzt. Alternativ bezeichnet er aber wie in der Abbildung am Anfang des Kapitels eine Art Brücke zwischen Kurzzeitgedächtnis und Langzeitgedächtnis.

Im Arbeitsgedächtnis werden aktive, begrenzte Informationseinheiten verwertet, die zum Ablegen oder Abrufen in oder aus dem Langzeitgedächtnis bestimmt sind.

Das Langzeitgedächtnis

Im Langzeitgedächtnis lagern all unser Wissen, unser Verstehen von Abläufen, unsere Erfahrungen und die Bedienungsanleitungen für Handlungen. Es wird unter anderem nochmals unterteilt in

- das »semantische Gedächtnis«, das sich auf erworbenes Wissen spezialisiert und all unser Schul- und Berufswissen speichert, alle Fakten, die wir im Laufe unseres Lebens gelernt haben (wissen, was);
- das »episodische Gedächtnis«, das sich auf zeitliche Abläufe z.B. unserer persönlichen Biografie bezieht. Mit ihm ordnen wir auch geschichtliche Daten ein (wissen, wann);

Was ist wo gespeichert?

- das »prozedurale Gedächtnis«, das sich auf Handlungsabläufe bezieht: Wie bediene ich die Kaffeemaschine? Wie stelle ich meine Kamera ein und fotografiere? (Wissen, wie).

Tu dir gut – Wie gehe ich gut mit meinem Gedächtnis um?

Nicht nur bei mir selbst, auch bei meinen Bekannten fällt häufig der Satz: »Ich bin richtig gestresst!« oder: »Ich muss an so viel denken und habe so viel zu tun, das macht mich ganz fertig.«

Was hat Stress mit meinem Gedächtnis zu tun?

Stress und Anspannung wirken sich auf das Gedächtnis aus. Medizinisch ist z.B. bekannt, dass das Stresshormon Cortisol den Gedächtnisabruf beeinträchtigt. Ich habe aus eigener Erfahrung erlebt, dass Stress sich auf das Gedächtnis auswirkt. Es fühlte sich an, als wäre für manche Dinge in meinem Kopf kein Platz mehr. Einiges ist sozusagen einfach nicht hängen geblieben. Sie haben sicher auch schon solche Zeiten erlebt.

> *Stress = starke körperliche und seelische Belastung, die zu Schädigungen führen kann; Überbeanspruchung, Anspannung*

Der systematische Gebrauch von externen Gedächtnishilfen wie Terminkalender, Telefonliste, technischen Erinnerungshilfen, Notizen von Absprachen oder Planungen im Terminkalender kann von großem Nutzen sein, um solche Phasen gut zu bestehen. Bevor es um »Gedächtnisstützen« geht, möchte ich jedoch erklären, wie Stress entsteht und sich körperlich auswirkt. Danach gehe ich auf die Themen Entspannung und Ernährung ein. Wie wir mit ihnen umgehen, hat ebenfalls ganz wesentliche Auswirkungen auf unsere Gedächtnisleistung. Dafür zunächst ein Einblick in das

Vegetative Nervensystem

- Die obersten Befehlsstellen des Vegetativen Nervensystems sitzen im Hypothalamusbereich, untergeordnete Zentren befinden sich im Mittelhirn, im verlängerten Rückenmark und in den Seitenhörnern des Rückenmarks.

- Das Vegetative Nervensystem besteht aus Sympathikus und Parasympathikus.
- Der Sympathikus-Nerv bildet Adrenalin und Noradrenalin, stellt also den Körper auf augenblickliche Höchstleistung ein. Die Folgen sind: Blutdruckerhöhung, Erhöhung der Herzfrequenz u.a.
- Der Parasympathikus bildet Acetylcholin. Hier ist das Ziel eher eine Erholung der Organe; wird Acetylcholin ausgestoßen, verlangsamen sich Herzschlag und Atmung.

So entsteht Stress

Ein Leistungssportler vor dem Start steht unter Anspannung. Der Sympathikus ist aktiv. So genannte Stresshormone wie Adrenalin, Noradrenalin und Cortisol werden produziert. Der Blutdruck und die Herzfrequenz steigen. Die Atmung wird schneller und die Muskulatur der kleinen Arterien zieht sich zusammen. Die Darmbewegung wird gehemmt. Noch viele andere Reaktionen entstehen, die den Sportler zur Hochleistung bereit machen. In diesem Moment steigen seine intuitiven und spontanen Fähigkeiten zulasten komplexer logischer Denkvorgänge. In diesem Moment ist alles bereit für eine sportliche Höchstleistung. Hier ist die Wirkung des Sympathikus sinnvoll und wird anschließend auch körperlich abgearbeitet.

In der Fachliteratur unterscheidet man Dystress (Stress mit negativen Auswirkungen auf den Körper) und Eustress (eine Beanspruchung und Anspannung im notwendigen Bereich).

Die gleiche Situation, nämlich Höchstleistungen erbringen zu sollen, erleben Menschen auch im übertragenen Sinn, z.B. in einer schwierigen Situation am Arbeitsplatz. Die Hormonausschüttung steigt und alles wird zum Angriff oder zur Flucht vorbereitet. In unserem Alltagsleben aber bleibt oft die notwendige körperliche Antwort auf die Ausschüttung von Stresshormonen aus, nämlich bewusste Entspannung oder Bewegung, die alles wieder auf ein harmonisches Normalmaß zurückführt.

Für unser Gedächtnis hat solcher Dystress zur Folge, dass die Hirndurchblutung gemindert ist, dass Hirnareale nicht harmonisch miteinander arbeiten können und die Arbeit des Großhirns zu Gunsten des Hirnstamms unterdrückt wird. So können Inhalte nicht korrekt gespeichert und aufgerufen werden.

Ziel von Entspannungsverfahren ist es deshalb, die Wirkung von Parasympathikus und Sympathikus ins Gleichgewicht zu bringen. Dazu helfen u.U. ganz banale Taktiken wie z.B. das Kauen von Kaugummi. Die wiederholte Kaubewegung hilft dabei, innere Anspannung abzubauen, und fördert die Konzentrationsfähigkeit, indem sie die Durchblutung ankurbelt und so das Gehirn besser mit Sauerstoff versorgt wird.

Entspannung

Aufgrund von Erfahrungen in schwierigen Lebenssituationen und meiner Hinwendung zum Glauben an Christus früh in meinem Leben habe ich festgestellt, dass eine ganz wesentliche Voraussetzung dafür, im Leben sinnvoll den nächsten Schritt zu gehen, die ist, in regelmäßigen Abständen zur Ruhe zu finden. Innehalten, still stehen, einen Abstand finden und das eigene Handeln bewusst in den größeren Rahmen des Handelns Gottes zu stellen ist unerlässlich, wenn man sein Leben als erfüllt erfahren und persönlich weiterkommen will.

Der Rückzug in die Stille ist zwar ein wesentlicher Bestandteil des christlichen Glaubens, steht aber im Gegensatz zu der Hektik unseres Lebens und wird m.E. auch nur unzureichend alltagstauglich gelehrt.

Als Entspannungspädagogin bin ich der Meinung, dass der gezielte Einsatz von Entspannungsverfahren hier helfen kann. Das Ziel von Entspannungstechniken ist es, die körperlichen Reaktionen auf Stress zu harmonisieren und den Kopf freizubekommen, Denkblockaden (Synapsenblockaden) zu verhindern.

Ich persönlich bevorzuge die *Progressive Muskelentspannung (PMR)*, denn sie verbindet bewusstes Entspannen und aktives Handeln mit einer bewussten Kontrolle des Entspannungszustandes.

Manche Christen stehen Entspannungstechniken immer noch skeptisch gegenüber. Recht schnell wird behauptet, diese könnten als Glaubensersatz dienen oder kämen aus der esoterischen Ecke. Beides trifft jedoch nicht zu. Im Gegenteil kann sich diese Technik sehr befruchtend auf die persönliche Stille auswirken.

Um die PMR zu erlernen, ist der Wille, diese in den eigenen Alltag zu integrieren, notwendig. Beherrscht man die dazugehörigen Techniken einmal, können erlernte Kurzprogramme in alltäglichen Situationen zum schnellen Stressabbau und als bewusste Vorbereitung auf Stille vor Gott genutzt werden.

Die PMR bezieht sich auf den Zusammenhang zwischen psychischer und muskulärer Anspannung. Die Arbeit von Jacobson zeigt, dass nicht nur psychische Anspannung zu erhöhter Muskelspannung führt, sondern auch Entspannung der Muskulatur bei der Regeneration von psychischen und physischen Kräften hilft.

Die Progressive Muskelentspannung ist relativ leicht zu erlernen. Wenn Sie diese Entspannungstechnik interessiert, sollten Sie allerdings vorher mit Ihrem Hausarzt darüber reden, da es zu körperlichen Reaktionen wie einer Blutdrucksenkung kommen kann. Es gibt, da Entspannungstechniken einen wahren Boom erleben, inzwischen eine große Auswahl an CDs auch zum Thema PMR.

Achten Sie beim Kauf einer CD auf Folgendes:

- Die Hintergrundmusik ist Ihnen angenehm.
- Die Stimme des Sprechers ist Ihnen angenehm.
- Die Anleitung ist ausführlich, möglichst mit Begleitheft oder Begleitbuch für ausreichende Informationen.

- Das Programm enthält auch Kurzprogramme, die Ihnen das Durchführen von Übungen auch im Alltag, z.B. in einer kleinen Krisensituation am Arbeitsplatz, ermöglichen.[1]

Im Übungsprogramm werden Sie einige Übungen auch aus der Progressiven Muskelentspannung kennen lernen.

BRAINFOOD

Bei einem Gespräch mit meinem Buchhändler über Trends und wie sie sich widerspiegeln in der Literatur kamen wir auch auf das Thema Diäten. Gerade schwappen in christlichen Kreisen die neuen Bibeldiäten aus Amerika zu uns herüber. Falls Sie auch hier eine Diät erwarten, möchte ich Sie enttäuschen. Hier geht es nur darum, welche Art von Ernährung besonders unserem Gehirn und Gedächtnis zugute kommt.

Erwachsene benötigen ca. 20% der gesamten durch Nahrung aufgenommenen Energie für Gehirntätigkeit, Kinder sogar ca. 50%.

Wir leben in einem Teil der Welt, in dem alle Nahrungsmittel und Bestandteile zu einer gesunden Ernährung zur Verfügung stehen. Eine gesunde, abwechslungsreiche Nahrungszusammenstellung ist notwendig, um unseren Körper gesund zu halten und unser Gehirn konstant mit Nährstoffen zu versorgen. Da das Gehirn nicht in der Lage ist Energie zu speichern, ist es auf eine konstante Versorgung mit Nährstoffen über die Blutbahn angewiesen. Für die tägliche Arbeit sind Kohlehydrate, Proteine, Fette, Vitamine, Mineralstoffe und Spurenelemente, Enzyme, Wasser und Sauerstoff notwendig.

Um Ihnen einen Überblick über ausgewogene Ernährung zu verschaffen, bitte ich Sie, die nachfolgende Abbildung zu studieren, die vermutlich in diesem Jahr auch von der Deutschen Gesellschaft für Ernährung in ihre Empfehlungen übernommen wird.

1 z.B. Hans-Arved Willberg: Einfach entspannt. Holzgerlingen, Hänssler Verlag, 2005.

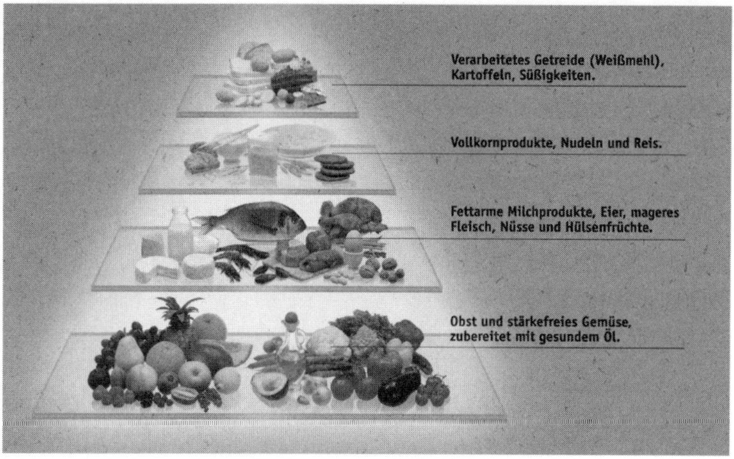

Wichtig ist ein konstanter Blutzuckerspiegel für eine konstante Informationsverarbeitung, da das Gehirn sich ausschließlich aus Blutzuckerenergien speist.

Das Schlagwort *Brainfood* steht für die Erforschung von Nahrungsmitteln, die die Gehirntätigkeit fördern. Welche Inhalte haben verschiedene Nahrungsmittel, welche Auswirkungen haben sie auf die Botenstoffe im Körper, die so genannten Neurotransmitter? Wird der Ausstoß bestimmter Botenstoffe gefördert oder gehemmt, ergeben sich Veränderungen unserer geistigen, psychischen und physischen Fähigkeiten. Die nachfolgende Tabelle gibt einige Hinweise dazu, welche Nahrungsmittel welche Nährstoffe enthalten und welche Auswirkungen sie auf unser Gehirn und unser Gedächtnis haben können.

Blaubeeren machen klug! Der amerikanische Neurowissenschaftler James Joseph fand heraus, dass die Reaktionszeit von Senioren, die täglich ein- bis zweimal Blaubeeren essen, sich bedeutend verbesserte. (Focus, 17.10.2005)

Es gibt viele Bücher über Ernährung und Brainfood, die sich ausführlich mit diesem Thema beschäftigen und an die ich Sie weiterverweisen möchte, wenn Sie sich ausführlicher informieren wollen.[2]

2 z.B. Feed Your Brain von Cornelia Andrea Lüthi, Zürich: Orell Füssli Verlag, 2. Aufl. 2002; brain food: Wie Sie mit richtiger Ernährung Ihr Gehirn fit machen. Loeben: Verlag des österr. Kneippbundes, 2005; Ingeborg Münzing-Ruef: Kursbuch gesunde Ernährung. Die Küche als Apotheke der Natur. München: Heyne, 2000.

VITAMINE

Vitamin	*Wichtig für*	*Zum Beispiel in*
Vitamin A (Retinol)	Augen (Nachtblindheit), Hautschutz, Schleimhäute, Verdauungs- und Harntrakt, Immunsystem, Zellkerne, Wachstum bei Kindern, Antioxidans.	Milch und Milchprodukte, Butter, angereicherte Margarine, Leber, Lebertran, Karotten, Spinat, grüne und gelbrote Gemüse
Vitamin B1 (Thiamin)	Energiestoffwechsel. Besonders bei intensiver Gehirntätigkeit. Gedächtnis, Nerven. Vermutlich Antioxidans.	Bierhefe, (Voll-)Reis, Vollkornbrot und -getreide, Hülsenfrüchte, Milch, Fleisch (v.a. Leber), Geflügel, Eier, Fisch, Obst und Gemüse, Nüsse, Keime
Vitamin B2 (Riboflavin)	Für Gehirn besonders wichtig. Energiestoffwechsel, wirkt stressmindernd; gut für die Nerven, unterstützt Weiterleitung von Nervenimpulsen. Wichtig auch für Augen, Haut und Schleimhäute. Wachstum bei Kindern.	Milchprodukte, Bierhefe, Obst, Vollkornprodukte, Gemüse, Fleisch (v.a. Leber), Geflügel, Eier, Nüsse, Keime
Vitamin B3 (Niacin, Nicotinamid, Vitamin PP)	Energiestoffwechsel, Aufbau roter Blutkörperchen (Sauerstoffversorgung). Unterstützt Gedächtnisleistung und Konzentrationsfähigkeit. Wirkt beruhigend. Hormonsynthese, Wachstum und Cholesterinspiegel. Durchblutung, Entgiftung.	Fisch (v.a. Heilbutt und Thunfisch), Fleisch (v.a. Leber), Geflügel, Milchprodukte, Eier, Vollkornprodukte, Obst, Gemüse, Hülsenfrüchte, Nüsse, Bierhefe
Vitamin B5 (Pantothensäure)	Stoffwechselvorgänge (bes. Fettsäuren-Stoffwechsel, Zellstoffwechsel). Antioxidans. Nervenschutz bei Stress.	Vollkornprodukte, Gemüse, Fisch, Eier, Leber, Bierhefe
Vitamin B6 (Pyridoxin)	Enzymreaktionen, Neurotransmittersynthese (Serotonin, Dopamin) und weitere Protein-Synthesen. Wirkt beruhigend. Schlaf-/Wachrhythmus.	Milchprodukte, Vollkornprodukte, Gemüse, Fleisch (v.a. Leber), Nüsse, Weizenkeime, Bohnen, Bananen, Avocados, Bierhefe
Vitamin B 12 (Cobalamin)	Nervensystem. Stoffwechselprozesse. Aufbau rote und weisse Blutkörperchen (Sauerstoffversorgung/Energie und Immunsystem). Unterstützt Lernfähigkeit, Wachstum und Entwicklung bei Kindern und Jugendlichen. Sehfähigkeit.	Milchprodukte, Fleisch (v.a. Leber), Eier, Käse, Fische, Bierhefe

Vitamin	*Wichtig für*	*Zum Beispiel in*
Vitamin H (Biotin)	Stoffwechsel (u.a.Fettsäure-Aufbau), Blutzucker-Spiegel. Unterstützt Umsetzung anderer B-Vitamine.	Eier, Leber, Samen, Bierhefe, Käse, Tomaten, Tofu, Kleie, Naturreis
Vitamin K (Phylchinon, Menachonin)	Blutgerinnung (Wundheilung), Knochenbildung.	Grüne Blattgemüse, Soja, Rinderleber, Eigelb, Käse, Kohl, Bierhefe
Vitamin M (Folsäure)	Stoffwechselvorgänge (besonders Kohlenhydrat- und Eiweissverwertung), Bildung roter Blutkörperchen, am Aufbau der Erbsubstanz beteiligt. Scheint besonders die Gedächtnisleistung zu beeinflussen.	Gemüse, Leber, Bierhefe, Milch, Eier, Nüsse
Vitamin C (Ascorbinsäure)	Neurotransmitter-Synthese (u.a. Adrenalin, Noradrenalin). Zusammenhang zwischen Vitamin-C-Gehalt im Gehirn und Intelligenz wird vermutet. Immunschutz. Calcium- und Eisen-Stoffwechsel, Aufbau und Regeneration von Bindegewebe, Knochen, Zähnen etc. Unterstützt Heilungsprozess und Immunsystem. Antioxidans. Nervenschutz bei Stress.	Obst (v.a. Zitrusfrüchte), grüne Gemüse (v.a. Brokkoli, Rosenkohl), Kohl, Tomaten, Paprika, Kartoffeln
Vitamin D (Calciferon)	Resorption von Calcium und Phosphor. Aufbau von Skelett und Zähnen. Nerven, Blutgerinnung. Antioxidans.	Milchprodukte, Fisch(tran), Leber, Eier. Karotten und gelborange Gemüse enthalten Beta-Carotin, eine Vorstufe von Vitamin D. Durch Sonnenlicht wird Beta-Carotin in Vitamin D umgewandelt.
Vitamin E (Tocopherol)	Verlangsamt Alterungsprozess und Degeneration von Zellen. Am Aufbau und Schutz von Zellmembranen beteiligt. Antioxidans, hindert Oxidationsprozess von Fettsäuren.	Pflanzenöle, Vollkornprodukte, Milchprodukte, Blattgemüse, Eier, Erbsen, Getreide, Nüsse, Samen, Weizenkeim(öl)

Mineralstoffe und Spurenelemente

Mineralstoff	***Wichtig für***	***Zum Beispiel in***
Calcium	Aufbau von Skelett und Zähnen, Nervenimpulsübertragung. Herztätigkeit, Stoffwechselprozesse, Blutgerinnung. Wirkt stimmungshebend.	Milchprodukte, Mandeln, Sardinen, Spinat, Getreide, Kräuter
Chlor	Wasserhaushalt und Verdauung/Entgiftung.	Salz, Oliven, Roggen (In vielen Lebensmitteln enthalten als Beigabe, Zusatz etc.)
Chrom	Stoffwechselvorgänge, insbesondere Insulinstoffwechsel, Blutzuckerspiegel. Aufbau von Neurotransmittern.	Vollkornprodukte, Maiskeimöl, Muscheln, Leber, Kartoffeln, Bierhefe, Käse, Pilze, Weizenkeim(öl)
Eisen	Aufbau roter Blutkörperchen (Sauerstoffaufnahme), Energiehaushalt, Eiweiss-Stoffwechsel. Wichtig für das Lernvermögen (speziell auch bei Kindern und Jugendlichen) und Gemütszustand.	Rotes Fleisch, dunkelgrüne Gemüse (Spinat, Brokkoli), Vollkornprodukte, Geflügel, Austern
Fluor	Skelett und besonders Zähne; hilft Karies verhindern. Wachstum.	Reis, fluoridiertes Kochsalz, Zwiebeln, Kaffee/Tee, Muscheln, Fisch, Meeresfrüchte, Käse (mancherorts auch Trinkwasser)
Jod	Funktion der Schilddrüse, Stoffwechsel generell. Wachstumsfunktionen. Energiehaushalt.	Fisch, Obst und Gemüse, jodiertes Kochsalz, Austern, Hummer, Muscheln, Eier
Kalium	Nervenimpulsübertragung. Herzmuskeltätigkeit, Blutkreislauf und Nieren (Wasserhaushalt). Zellstoffwechsel.	Frischgemüse, Fische, Tomaten, Bananen, Sonnenblumenkerne, Feigen, Datteln, Kartoffeln, Milch, Muscheln, Hülsenfrüchte, Bierhefe
Kupfer	Aufbau von Neurotransmittern (u.a. Tyrosin, Dopamin und Adrenalin), Aufbau von Nervenfasern und roten Blutkörperchen, Verwertung von Vitamin C, Eisen und Enzymen.	Nüsse, Austern, Lecithin, Soja, Innereien, Vollkornweizen, Muscheln, Hülsenfrüchte

Mineralstoff	*Wichtig für*	*Zum Beispiel in*
Magnesium	Aufbau von Neurotransmittern (u.a. Serotonin), Nervenreizübertragung, Energiehaushalt. Funktionsfähigkeit Muskulatur, Immunsystem, Hormonsynthese. Wirkt entspannend, beruhigend und stimmungshebend.	Milchprodukte, grünes Gemüse, Vollkornprodukte, Fisch, Honig, Soja, Nüsse
Mangan	Aktiviert Enzyme, beeinflusst Energiestoffwechsel und Bildung von Geschlechtshormonen, wirkt wachstumsfördernd. Nervenimpulsübertragung.	Grüngemüse, Bananen, Vollkornprodukte, Sellerie, Eier, Leber, Nüsse, Eigelb
Molybdän	Enzymaufbau, Fettsynthese.	Linsen, Rinderleber, Erbsen, Blumenkohl, Bierhefe
Natrium	Natrium in Verbindung mit Kalium ermöglicht den Informationsaustausch zwischen den Zellen, Herz/Blutkreislauf und Nierenfunktion (Wasserhaushalt).	Salz, Speisewürze, Gemüse und Gemüsesäfte, Fisch, Fleisch, Meeresfrüchte, Käse. In vielen Fertigprodukten als Konservierungsmittel und Geschmacksverstärker enthalten.
Phosphor	Energiestoffwechsel. Energiefreisetzung in den Zellen, Nachrichtenübertragung im Nervensystem, Aufbau von Zellwänden, Skelett/Zähnen, Herz- und Nierentätigkeit, Verwertung von Vitaminen.	Vollkornprodukte, Nüsse, Hülsenfrüchte, Eier, Käse, Joghurt, Fisch, Geflügel, Fleisch, Samen
Schwefel	Wachstum und Beschaffenheit von Haaren, Nägeln und der Haut. Hirntätigkeit, Zellatmung, Durchblutung.	Hülsenfrüchte, Eier, Fisch, Fleisch, Kohlarten, Nüsse, Milch
Selen	Hormonhaushalt, Beschaffenheit von Gewebe, Leberfunktionen, beugt Herzstörungen vor. Immunschutz. Augen. Antioxidans (zusammen mit Vitamin E, C und Beta-Carotenen).	Eier, Vollreis, Zwiebeln, Knoblauch, Bierhefe, Schalentiere, Butter, Weizenkeime, Vollkorngetreide
Zink	Unterstützt Tätigkeit von ca. 100 Enzymen. Wichtig für Lernvorgänge, schützt Gehirn vor Schädigungen, beeinflusst Geruchs- und Geschmackssinn, Wundheilung, Energiestoffwechsel, Wachstum und Fortpflanzung, Funktionieren des Immunsystems. Geistige Leistungsfähigkeit.	Bierhefe, Leber, Spinat, Soja, Eigelb, Vollkornprodukte, Hülsenfrüchte, Nüsse, Fleisch, Kürbiskerne, Fisch, Meeresfrüchte

Die wichtigste Neurotransmitter-Gruppen auf einen Blick

Neurotransmitter	***Wirkung***	***Quellen***
Serotonin Ruhe, Konzentration, Kommunikation und gute Laune 	**Unterstützt:** • Konzentrations-, Merk- und Denkfähigkeit • Kommunikatives, teamorientiertes Verhalten und auch Geselligkeit • Gefühl von Wohl-/Zufriedensein • Entspannung, Beruhigung, erholsamer Schlaf • Mittelbar Linderung von Schmerzen **Angezeigt bei:** • Nervosität, Gereiztheit, Unruhe • Angstgefühlen, depressiven Verstimmungen • Migräne • Starkem Verlangen nach Genussmitteln • SAD (Winterdepression)	Teigwaren, Reis, (Vollkorn-)Getreide (Weizen, Hirse, Gerste, Mais, Hafer, Dinkel, Buchweizen usw., Edelkastanien, Kartoffeln, Nüsse (bes. Mandeln), Datteln/Feigen, Bananen, Ananas
Tryptophan Vorläufersubstanz für Serotonin	Tryptophan ist eine essentielle Aminosäure. Für den Aufbau sind die Anwesenheit von vielen komplexen Kohlehydraten notwendig	Milch- und Milchprodukte, Fisch, Meeresfrüchte, Fleisch, Geflügel, Hülsenfrüchte, Soja, grüne Bohnen, Datteln/Feigen, Ananas und Bananen
Katecholamine Schreiten Sie zur Tat: wach, aufmerksam und aktiv 	Katecholamine sind eine ganze Gruppe von Neurotransmittern; u.a. Adrenalin, Noradrenalin und Dopamin **fördern:** Wachheit Aufmerksamkeit Konzentrationsfähigkeit Aktivität, Aggressivität (Sexual-)Triebe	Für den Aufbau der Katecholamine braucht es neben den Vorläufersubstanzen Tyrosin oder Phenylalanin zusätzlich versch. Vitamine und Mineralstoffe
Tyrosin Vorläufersubstanz für Katecholamine	Tyrosin ist eine nichtessentielle Aminosäure	Milch und Milchprodukte, Fisch/Meeresfrüchte, Soja, Geflügel, Hülsenfrüchte, Fleisch, Eier
Phenylalanin Vorläufersubstanz für Katecholamine	Phenylalanin ist eine essentielle Aminosäure und in sich bereits eine psychoaktive Substanz. Steigert u.a. den Antrieb, die Energie und die Motivation und ist auch wichtig für das Erinnerungs- und Lernvermögen	Milch und Milchprodukte, Eier, Kartoffeln, Reis, Soja, Nudeln, Geflügel, Fleisch, Fisch, Meeresfrüchte. Auch in Lebensmittelzusätzen

Neurotransmitter	*Wirkung*	*Quellen*
Acetylcholin Lernfähigkeit und Gedächtnis 	**Fördert und unterstützt:** • Lern- und Merkfähigkeit • Gedächtnis • Gefühl, geistig rege und wach zu sein • Entspannt und gleicht aus Die Vorstufe von Acetylcholin ist Cholin, das auch die Durchlässigkeit der Zellmembranen begünstigt. Es kann auch aus den Aminosäuren Serin (nichtessentiell) und Methionin (essentiell) unter Mitwirkung von Vitaminen und Mineralstoffen aufgebaut werden	Soja-Lecithin, Bierhefe, Soja, Keime und Samen, Weizenkeime, Hülsenfrüchte, Vollkorngetreide, Leber, Eier, Käse
Endorphine und Encephaline Die Freunde bei Weh und Leid 	Sie sind eine körpereigene Droge. Ihre chemische Struktur gleicht der von Opiaten. **Bewirken:** • Gefühl von Euphorie • Wirken schmerzlindernd	Serotonin begünstigt den Aufbau. Noradrenalin ist mit von der Partie Alles, was viele Kohlenhydrate hat, zusammen mit Fett: Getreide, Teigwaren, Reis, Brot, Honig, Bananen, Trockenfrüchte mit Nüssen, Butter, Sahne, Kakao, vollfettem Käse usw. Auch: Chilis und Chilipfeffer sowie scharfe Gewürze Variante: langandauernde körperliche Betätigung (Joggen, Radfahren, Walking, Schwimmen usw.) oder auch «Mind-Jogging» (Malen, Träumen, Musizieren)
Neuropeptide Steuermänner/-frauen 	Verschiedene Aminosäureverbindungen, die eine Vielzahl von Funktionen steuern; u.a. Hunger, Sexualverhalten, Schmerzempfinden Emotionen usw.	Alles, was Proteine enthält: tierische Produkte und vegane Kombinationen

Ist Ihnen aufgefallen, dass etwas außerordentlich Wichtiges noch gar nicht genannt wurde? Um unseren Körper und besonders unser Gehirn überhaupt in Betrieb zu halten, benötigen wir dringend Wasser.

Wasser

Unser Körper besteht zu ca. 65 % aus Wasser.

Ein gesundes Maß an Flüssigkeit regt die Nieren- und Darmtätigkeit an und sorgt für den Abtransport von Gift- und Schlackenstoffen. Wasser löst und transportiert Nähr- und Wirkstoffe und wirkt sich somit förderlich auf alle Stoffwechselfunktionen des Körpers aus. Ein Mangel an Flüssigkeit in unserem Körper kann dagegen zu Verwirrtheitszuständen führen. Schon allein um die Weiterleitung von Reizen innerhalb des Gehirns zu gewährleisten, ist viel Wasser vonnöten.

Wie wichtig es ist, viel zu trinken, wird mir immer deutlich, wenn ich im Krankenhaus miterlebe, wie Menschen eingeliefert werden, deren kognitive Leistung plötzlich nachgelassen hat oder die gar geistig verwirrt sind. Oft hebt schon eine ausreichende Zufuhr von Flüssigkeit den Verwirrtheitszustand auf.

Ernährungsfachleute empfehlen mindestens zwei Liter Wasser pro Tag. Bitte beachten Sie, dass Sie bei einigen Erkrankungen, z.B. Herzerkrankungen oder Nierenfunktionsstörungen, die tägliche Trinkmenge individuell mit Ihrem Arzt abstimmen sollten.

Den Seinen gibt's der Herr im Schlaf

Gott hat dem Menschen einen Raum der Erholung geschenkt, in dem er Pause machen und Energien sammeln kann für einen neuen Tag mit neuen Anforderungen: den Schlaf. Von der Zeitspanne, die wir mit Schlafen verbringen, bekommen wir oberflächlich betrachtet nichts mit, von den Träumen einmal abgesehen. Unser Körper erholt sich während dieser Phase, verschiedene Stoffwechselfunktionen werden heruntergefahren, andere angekurbelt. Ohne dass wir etwas davon mitbekommen, ist unser Körper während des Schlafs weiter aktiv und leistet wertvolle Arbeit.

Wir schlafen in verschiedenen Schlafphasen:

- Leichtschlafstadium 1 und 2
- Tiefschlafstadium 3 und 4
- REM-Schlaf: REM ist die Abkürzung für *Rapid Eye Movements* (schnelle Augenbewegungen), die der Schläfer während dieser Phase macht. Alle Muskeln sind jetzt völlig erschlafft. Die REM-Phase wird oft als Traumphase bezeichnet, jedoch treten Träume nicht nur in dieser Schlafphase auf.

Die verschiedenen Schlafstadien wechseln sich ab und wiederholen sich in einem Rhythmus von ca 90 Minuten etwa fünfmal die Nacht.

Die Schlafforschung beschäftigt sich nicht nur mit Träumen, sondern auch mit Schlafstörungen, die sich nachhaltig auf die Gesundheit auswirken, z.B. der Schlafapnoe. Bei Menschen, die unter Schlafapnoe leiden, führen Atemaussetzer während des Schlafs zur Mangelversorgung mit Sauerstoff. Das kann viele physische, psychische und geistige Auswirkungen haben, u.a. Müdigkeit, Konzentrations- und Aufmerksamkeitsprobleme usw.

Erforscht wird natürlich auch der Zusammenhang zwischen Schlaf und Gedächtnis: Was passiert bei Nacht in unserem Gedächtnis? Eine nahe liegende Annahme wäre: Die Eindrücke des Tages sind vorbei und Regionen, die für das Gedächtnis zuständig sind, haben Pause. Doch diese Vermutung ist irrig. Im Schlaf ist besonders der Hippocampus aktiv. Hier werden jetzt eine Menge »Ablagearbeiten« vom Tag erledigt. Am Tage wurden hier viele Informationen vom Kurzzeitgedächtnis ins Langzeitgedächtnis übernommen und sozusagen im Arbeitsprozess der alltäglichen Anforderungen gehalten. Gespeicherte Informationen wurden hier im Abruf wieder zusammengesetzt. In den unterschiedlichen Schlafphasen werden hier dann einzelne Erlebnisse des Tages zum

Beispiel in Träumen verknüpft und verarbeitet. Verschiedene Informationen treten in eine Art Konsolidierungsphase ein. Sie werden vertieft, neue Verknüpfungen werden zwischen ihnen hergestellt.

Sicher kennen Sie den populären Tipp an Schüler: »Wenn du dir das Englischbuch unters Kopfkissen legst, kannst du am nächsten Tag deine Vokabeln auswendig.« Ein klein wenig Wahrheit ist an der Geschichte dran, aber nur wenn die Vokabeln direkt vor dem Einschlafen auch noch einmal nachgelesen werden!

Geschichten, Informationen, Wissen, Bilder, also alles, was wir direkt vor dem Einschlafen hören, lesen oder sehen, wird in unserem Gehirn mit großer Sicherheit verarbeitet, während wir schlafen. Der Schlaf hat Anteil an unseren Gedächtnisprozessen. In unterschiedlichen Schlafphasen werden unterschiedliche Gedächtnisinhalte bearbeitet.

Ein ausreichender und gesunder Schlaf ist daher wichtig. Wenn Sie mehr Informationen über Schlaf, Schlafstörungen und Schlafhygiene haben möchten, verweise ich Sie auf die im Anhang aufgeführten Internetseiten.

Bewegung

Was hat körperliche Bewegung mit dem Gedächtnis und mit der Vernetzung von Nervenfasern zu tun?

Schauen Sie sich einmal ein Kleinkind an. Sie kennen vielleicht die Situation, in der Sie zum dreißigsten Mal einen Gegenstand aufheben, den das Kind daraufhin sofort wieder fallen lässt, um ihm hinterherzuschauen. Ähnlich bekannt wird allen Eltern auch folgende Situation sein: Sie nehmen einen Gegenstand hinter den Rücken und behaupten, er sei verschwunden. Diese Strategie funktioniert nur so lange, bis das Kind neue Erfahrungen macht und weiß, dass etwas, was hinter Ihnen verschwindet, immer noch da sein kann. Ein weiteres Beispiel: Sie haben sicher auch schon beobachtet, mit wie viel Geduld ein Kind

Bewegung unterstützt Speicherungsprozesse im Gedächtnis.

einen Gegenstand in einen engen Behälter zu platzieren versucht. Bei allen oben genannten Bewegungsabläufen werden unter anderem Raumvorstellungen, Größenverhältnisse, Widerstand und vieles mehr begriffen. Hier ist Bewegung elementar fürs Lernen.

Abgesehen davon, dass Bewegung den Kreislauf in Schwung bringt, die Durchblutung erhöht und somit mehr Sauerstoff auch in das Gehirn transportiert, schafft körperliche Aktivität, z.B. das Ausführen von bisher ungewohnten Bewegungen, neue Netzwerke im Gehirn. Erwachsenen, die Bewegungsabläufe weitgehend verinnerlicht haben, hilft oft schon die Vorstellung einer bestimmten Bewegung, z.B. wie ich jemanden begrüße, um den Vorgang deutlicher im Gehirn zu speichern.

Je nach Lerntyp kann Bewegung der Eingangskanal sein, der das Speichern (codieren) und Abrufen (enkodieren) von Erinnerungen fördert.

Im höheren Lebensalter sind Bewegung und Mobilität wichtig, um am sozialen Umfeld und gesellschaftlichen Leben teilzunehmen und somit geistig mobil zu bleiben.

Besonders Koordinationsübungen helfen dazu, eine solche Mobilität zu unterstützen und zu erhalten, z.B.

- beidhändige Bewegungen,
- beidhändige, gegenläufige Bewegungen,
- Bewegungen, die eine Hand und das entgegengesetzte Bein einbeziehen.

Einige solcher Bewegungsübungen befinden sich im Übungsprogramm.

Stichwort Brain-Gym

Ich möchte im Zusammenhang mit der Bewegungsfrage gerne etwas über Brain-Gym aus dem Bereich der Kinesiologie sagen.

Die therapeutische Richtung der Kinesiologie geht davon aus, dass menschlicher Körper und menschlicher Geist eine Einheit bilden und dass es deshalb möglich ist, durch körperlich ausgeführte Bewegungsabläufe Gehirn und Seele zu beeinflussen.

Über Kinesiologie gibt es sehr geteilte Meinungen in christlichen Kreisen, da die meisten Therapeuten von der Vorstellung eines physikalisch nicht nachweisbaren Energiestroms ausgehen. Diese Vorstellung entstammt der Traditionellen Chinesischen Medizin. Wie es im Einzelnen dazu kommt, dass Bewegungsabläufe geistige Prozesse anstoßen oder steuern können, ist noch sehr wenig erforscht.

Brain-Gym als Unterdisziplin der Kinesiologie lässt sich mit Gehirn-Gymnastik übersetzen, aber was ist das?

Begründet wurde diese Methode von George Goodheart und weitergeführt von Paul Dennison. Falls Sie denken, dass dies eine neuzeitliche Entwicklung ist, muss ich Sie enttäuschen. Von Abbildungsfunden bei Ausgrabungen her weiß man, dass schon die alten Mayas Bewegungsabläufe wie diejenigen kannten, die in der Brain-Gym-Methode Anwendung finden. Diese Bewegungen sind Koordinationsübungen und dienen laut Dennison dazu, das Lernverhalten zu verbessern. Die Bewegungen bewirken eine Um- und Neuorganisation des Gehirns durch Bildung neuer Synapsen. Sie helfen außerdem, Stress abzubauen, und ermöglichen ruhiges Denken auch in Stresssituationen.

Edu-Kinestetik von lat. »educare« = erziehen, herausziehen und grch. »kinesis« = Bewegung

Wenn Sie sich einmal selbst beobachten, werden Sie entdecken, dass einige dieser Übungen oder Anteile dieser Übungen auch in unserem Alltag stecken, z.B.:

- Wer intensiv nachdenkt, streicht sich dabei über den Hinterkopf. Die entsprechende Übung ist das Auflegen der einen Hand an die Stirn und das Auflegen der anderen Hand auf die gegenüberliegende Seite an den Hinterkopf. So sollen Erinnerungsfähigkeit und Konzentration verbessert werden.

- Eine der bekanntesten Übungen zur Verbesserung der Zusammenarbeit beider Gehirnhälften ist das Zeichnen der »liegenden Acht«. Begonnen wird in der Mitte an der Kreuzungsstelle der liegenden Acht. Sie beginnen die Bewegung in Richtung eines Aufwärtsbogens und folgen der Linie. Dies wiederholen Sie sowohl mit der linken als auch der rechten Hand jeweils dreimal. Die Augen folgen der Hand ohne Drehung des Kopfes.
- Eine sehr bekannte Übung ist die Überkreuzbewegung mit dem Ziel der Verbesserung der Körperkoordination und der Lernerleichterung im visuellen Nahbereich. Mit der linken Hand wird das rechte Knie und mit der rechten Hand das linke Knie berührt. (Siehe auch 30-Tage-Übungsprogramm, 2. Tag.)

Ich greife in meiner Arbeit mit erwachsenen, neurologisch erkrankten Menschen häufig auf die Übung der liegenden Acht zurück, wenn die feinmotorischen Probleme noch so stark ausgeprägt sind, dass z.B. eine Unterschrift nicht möglich ist. Nach dem Zeichnen der liegenden Acht in dem oben beschriebenen Ablauf reicht dann die feinmotorische Koordination für ein bis zwei Wörter oder eine Unterschrift. Die Teilnahme an Brain-Gym-Kursen hat dazu geführt, dass ich einige Übungen als reine Techniken erfolgreich einsetze. Die Teilnahme an diesen Kursen hat auch dazu geführt, dass ich Bedenken hinsichtlich dieser Methode respektiere, weil viele Anwender von esoterischen Vorstellungen herkommen.

Einige (unverdächtige!) Bewegungs- und Koordinationsübungen werden Sie im Übungsteil finden.

Mnemotechniken

Im folgenden Kapitel sind verschiedene Mnemotechniken (= Merktechniken) aufgeführt, die für den »Hausgebrauch« genauso praktikabel sind wie für Gedächtnisweltmeisterschaften. Diese Techniken sind dazu geeignet, eine Unmenge von Inhalten, die im Gedächtnis behalten werden müssen, in Bilder oder kompakte Einheiten zu verpacken und mit Hilfe dieser Techniken dann abzurufen, wenn es notwendig wird.

Lassen Sie uns gemeinsam einige anschauen und auf ihre Alltagstauglichkeit hin testen. Sie sind geeignet zum Merken von Zahlen, Begriffen, Wörtern und Namen.

1. Loci-Technik

Der Begriff leitet sich ab von dem lateinischen Wort loci = Orte. Diese Technik wurde von römischen Senatoren benutzt, um ihre Rede im Senat vorzubereiten. Beim Gang durch die Säulenhalle wurden Teile der Rede in der richtigen Reihenfolge an verschiedenen hintereinander liegenden Säulen befestigt. So konnte sich der Redner die Argumentationskette seiner Rede anhand der Wegstrecke einprägen. Die Methode ist auch unter den Namen *Forum Romanum* oder *Verortungsmethode* bekannt.

Übung Loci-Technik: Eigene Liste erstellen, notieren und wie einen Film vorstellen

Sie selbst können sie so umsetzen: Stellen Sie sich eine reale Wegstrecke mit unveränderlichen Merkmalen vor. Vielleicht wählen Sie Ihre Wohnung oder bestimmte Punkte auf Ihrem Weg zur Arbeit. Vermeiden Sie Doppelnennungen oder sich stark ähnelnde Orte. Notieren Sie sich diese Merkmale und lernen Sie die Liste auswendig. Verändern Sie nun nichts mehr in der Abfolge. Lassen Sie noch einmal Weg und Merkmale wie einen Film vor Ihrem geistigen Auge ablaufen.

ÜBUNG ZUR LOCI-TECHNIK

Beispielhaft stelle ich Ihnen meine Vorstellung zur Verfügung:

- Haustür mit Kassetten aus Holz
- Schirmständer
- Schuhschränkchen
- Angelehnte Küchentür mit Blick auf den Küchentisch
- Flurspiegel mit goldener Umrandung
- Telefonbänkchen mit Telefon
- Kleiderhaken/ Garderobe
- der untere gedrechselte Knauf des Treppengeländers
- die ersten drei Treppenstufen
- Wohnzimmertür mit Türschild

Merken Sie sich nun folgende Begriffe:

– Haus, Lokomotive, Wasserfall, Tüte Zucker, Diskette, Schraubzwinge, Bücherregal, Lesebrille

Versuchen Sie jetzt, sich diese Begriffe mit oben aufgeführten Orten zu verknüpfen. Notieren Sie, wie viele Sie behalten haben. Bevor Sie jedoch nun weiterlesen und das Buch drehen, probieren Sie das Gleiche bitte anhand Ihrer eigenen Liste. Prüfen Sie jeweils (mit Stift und Papier!) nach 10 Minuten, wie viele der Begriffe Sie sich merken konnten.

Nachfolgend ein Beispiel meiner Umsetzung der Übung mit den vorhergehenden Ortsangaben und der Liste der zu merkenden Gegenstände.

Vor meiner *Haustür* (ich stelle mir eine Tür wie ein **Haus** vor) befindet sich ein riesiges **Bücherregal,** welches ich erst entferne. Aus meinem *Schirmständer* rinnt ein **Wasserfall.**

Auf meinem *Schuhschränkchen* liegt meine Lesebrille und ich schaue mit meiner **Lesebrille** durch die *Küchentür auf meinen Küchentisch* auf einen Berg **Disketten.** Aus meinem *Flurspiegel* kommt mir die **Lokomotive** entgegen. Auf meinem *Telefonbänkchen* steht mein *Telefon* und der Hörer ist mit einer **Schraubzwinge** auf dem Telefon befestigt. Auf meiner *Garderobe* steht die Tüte Zucker.

Der Schwierigkeitsgrad steigt, je abstrakter die Begriffe werden.

Ich behalte Geburtstage und Einladungen, indem ich die jeweiligen Personen in Gedanken zusammen mit einem entsprechenden Symbol auf mein Schuhschränkchen setze. Eine Einladung von Familie Bruchhaus am 1. Juli zum Abendessen sieht so aus: Frau Bruchhaus auf meinem Schränkchen knabbernd an einem Fachwerkbalken (sie leben in einem Fachwerkhaus) in Form einer Eins.

Je mehr Sinneskanäle an der Aufnahme von Informationen beteiligt sind, desto höher ist das Lernergebnis. Man lernt 10 % durch Lesen, 20 % durch Hören, 30 % durch Sehen, 50 % durch Hören, und Sehen, 70 % durch Sehen und Sprechen, 90 % durch Sehen und Tun.

Manchmal sitzt eine ganze Gesellschaft in Reihe hintereinander (geordnet nach Tagen) auf meinem Schränkchen. Anders als im Terminkalender ist hier immer genügend Platz!

2. Begriffe anhand einer Geschichte merken

Bei dieser Methode macht man sich das Bilderdenken der rechten Hirnhälfte zunutze. Falls Sie diese Methode gleich ausprobieren möchten, dann

- lesen Sie die Begriffe,
- lassen Sie sich ca. 60 Sekunden Zeit,
- denken Sie sich eine Geschichte aus, in der diese Begriffe vorkommen,
- decken Sie die Begriffe zu,
- stellen Sie sich die Geschichte noch einmal kurz vor.
- Widmen Sie sich für die nächsten 10 Minuten einer anderen Aufgabe im hinteren Teil des Buches,
- um dann die Begriffe anhand der Geschichte zu notieren.

Wichtig ist, möglichst ungewöhnliche Zusammenhänge zu finden und dennoch eine logische Entwicklung innerhalb der Geschichte herzustellen. Unser Gehirn benötigt beides, um sich zu erinnern. Besonders wichtig ist der Ablauf einer

Geschichte dann, wenn die zu merkenden Begriffe auch in einer bestimmten Reihenfolge wieder benötigt werden.

ÜBUNG ZUR TECHNIK
»BEGRIFFE ANHAND EINER GESCHICHTE MERKEN«

Folgende Begriffe sind zu merken:

Sessel, Badewanne, Sonnenfinsternis, Zitronensaft, Kaffeetasse, Dinosaurier, Buch, Büroklammer, Schildkröte, Terminkalender, Feuerzeug, Lederhandschuhe.

Beispielgeschichte

Ich sitze in meinem Lieblingslesesessel. In der einen Hand die **Kaffeetasse** voll mit heißem, gut duftendem Milchkaffee. In der anderen Hand habe ich ein spannendes **Buch**, das im Mittelalter spielt. Es trägt den Titel *Der Fehdehandschuh* (der Handschuh ist **aus Leder**). Vor meinen Augen sehe ich das alljährliche **Schildkrötenturnier** der Ritter. Der Sieger bekommt den Feuer speienden Drachen namens **Dino**. Aber, oh Schreck!, was sehe ich: Der arme Kerl ist krank. Anstatt Feuer zu speien, würgt er nur noch **Zitronensaft** hervor. Dem armen Drachen muss geholfen werden. Schnell nehme ich ihn aus dem Buch, hefte eine **Büroklammer** an die Seite, denn er muss später ja wieder an seine richtige Stelle kommen, und nehme ihn mit nach oben in die **Badewanne.** Leider ist die Krankheit mit einem guten Vollbad nicht zu heilen. So leihe ich ihm vorübergehend mein **Feuerzeug.** Ich packe ihn wieder zurück in sein Buch. Inzwischen ist das Turnier fast beendet. Aus heiterem Himmel bricht eine **Sonnenfinsternis** herein. Voller Spannung blättere ich um und heraus fällt mein **Terminkalender.**

3. Zahlen merken anhand von Bildsymbolen

Im Zeitalter langer Handynummern, Kontonummern, Telefonnummern, Postleitzahlen, Geburtstage usw. fällt es manchem schwer, sich mit der Scheckkarte vor dem Geldautomaten rechtzeitig an die Geheimzahl zu erinnern. Eine der folgenden Möglichkeiten könnte Abhilfe schaffen.

Im weiteren Verlauf sehen Sie verschiedenen Zahlen verschiedene Bilder zugeordnet. Legen Sie sich eine eigene Folge fest. Wählen Sie eigene Bilder oder entnehmen Sie welche aus den vorgeschlagenen Bildern. Wichtig ist es, eine eigene Zuordnung festzulegen.

Eine mögliche Anwendung zum Beispiel für die Zahl 1178 wäre der Merksatz: »Ich zünde 2 Kerzen an und sehe die sieben Zwerge Achterbahn fahren.«

1 1 7 8

0 Ei, Diamantring, Sonne, Vollmond

1 Leuchtturm, Kerze, Eis, Baum, Rakete

2 Schwan, Zwillinge, Tandem

3 Dreizack, Schemel mit drei Beinen

4 Tisch, Hund, Quartett, vierblättriges Kleeblatt

5 Hand

6 Sechs richtige im Lotto, Würfel mit der Zahl 6, Elefantenrüssel

7 sieben Zwerge, siebenarmiger Leuchter, wehende Fahne

8 liegende 8, Achterbahn

9 »alle Neune«

4. Zahlen merken mit der Buchstabenmethode

Bei dieser Methode werden für die einzelnen Ziffern die Anfangsbuchstaben der geschriebenen Ziffer verwendet.

0 – **nu**ll
1 – **e**ins
2 – **z**wei
3 – **d**rei
4 – **v**ier
5 – **f**ünf
6 – **s**echs
7 – s**ie**ben
8 – **a**cht
9 – **n**eun

Hier ein Beispiel: Die zu merkende Zahl lautet 38520. Diese Zahl kann nun mit folgendem Satz gemerkt werden: **D**ie **a**lbernen **F**euerdrachen **z**weifeln **nu**n.

Die jeweiligen Anfangsbuchstaben der einzelnen Worte entsprechen den Anfangsbuchstaben der zu merkenden Ziffern.

5. Merksatzmethode/ Eselsbrücken

Arbeiten Sie bei dieser Methode mit verschiedenen Textmarkern und ordnen Sie jeder Farbe eine Bedeutung zu.

Hierzu haben Sie anfangs im medizinischen Teil schon eine schwierigere Kostprobe bekommen. Sie alle kennen aber sicher auch eigene Beispiele, um sich Geschichtsdaten oder Rechtschreibregeln zu merken, z.B. »753 – Rom schlüpft aus dem Ei«. Hierzu gibt es Bücher mit entsprechenden thematischen Sammlungen, man kann sich solche Sätze aber natürlich auch selbst ausdenken.

6. Namen erinnern

Sie begegnen jemandem auf der Straße, Sie kommen ins Gespräch und es fällt Ihnen der Name nicht ein. Hier einige Tipps:

- Handelt es sich um **konkrete Namen** (Berufe oder Gegenstände) wie Herr Schneider oder Frau Stein, ist eine Verknüpfung von Person und Tätigkeit möglich, z.B. Herr Schneider beim Schneidern oder Frau Stein mit einem Stein in der Hand.
- **Nicht erschließbare Namen**, z.B. Kowalski: Hier wäre ein Bild günstig, das die Buchstaben des Namens in ein Bild verwandelt, z.B. »**Ko**lonne **Wal**e auf **Ski**«.
- Verknüpfen Sie eine hervorstechende Eigenschaft oder ein äußerliches Merkmal mit der Person und dem Namen.

  Wiederholen Sie direkt nach der Vorstellung im Gespräch den Namen mehrmals.
- Versuchen Sie, klangähnliche Verbindungen herzustellen, z.B. »Deußing – **deu**tlich **sing**en«.

7. Mnemotechniken in der Bibel

Sie lesen richtig. Auch in der Bibel finden wir Mnemotechniken. In einem Gespräch mit Herrn Hans-Dieter Becker, ehemaliger Dozent am theologischen Seminar des Bundes Freier evangelischer Gemeinden Deutschlands in Ewersbach, hörte ich einige sehr interessante Gedächtnishilfen aus der Bibel. Ich möchte Ihnen gerne aus diesem Gespräch einiges vermitteln:

- **Kehrverse** (ähnlich dem Refrain eines Liedes), d.h., hier werden innerhalb eines Textes **markante Aussagen wiederholt**, so z.B. Psalm 42,6 und 12 und Psalm 43,5. Dort heißt es zweimal: »Was betrübst du dich, meine Seele, und bist so unruhig in mir? Harre auf Gott; denn ich werde ihm noch danken, dass er meines Angesichts Hilfe und mein Gott ist.«

  Ein weiteres Beispiel ist Psalm 80 mit den Versen 4,8 und 20, wo es refrainartig (mit leichten Variationen) heißt: »Gott, tröste uns wieder und lass leuchten dein Antlitz, so genesen wir.«

- Eine andere Form der Wiederholung findet sich in Psalm 136. Hier wird im gesamten Psalm jeder Aussage, die ursprünglich vom Priester gelesen wurde, eine **Antwort als Echo und Bestätigung** durch die Gläubigen gegenübergestellt. Die zweite Hälfte jedes Verses heißt hier: »denn seine Güte währet ewiglich«.
  Durch die Wiederholung nach einzelnen Abschnitten werden nicht nur die markanten Stellen besser eingeprägt, sondern auch die Aussagen dazwischen.
- **Alphabetisch geordnete Texte:** In den Psalmen gibt es ein besonderes Beispiel für diese Gedächtnishilfe. Die 176 Verse des Psalms 119 sind (im Hebräischen) alphabetisch geordnet. Im hebräischen Alphabet gibt es 22 Buchstaben. Jeweils acht Verse beginnen mit dem gleichen Buchstaben. Diese jeweils acht Verse gehören außerdem auch noch thematisch zusammen. Leider wird dies in den deutschen Übersetzungen nicht übernommen. In meiner Lutherbibel mit einer Übersetzung von 1912 sind die entsprechenden Buchstaben noch als Überschrift zu sehen. Luther nannte diesen Psalm »das güldene ABC«.
- **Bildworte:** Hier werden in einem Vers konkrete unterschiedliche Bilder mit der gleichen Aussage benutzt, z.B. Psalm 2, 3: »Lasset uns zerreißen ihre Bande und von uns werfen ihre Stricke.«
- **Wortspiele:** Siehe z.B. Jesaja 5,7 die Wortspiele Rechtsspruch – Rechtsbruch (hebr. Mischpat – mischpach) und Gerechtigkeit – Schlechtigkeit (zedaka – ze'aqa); Jeremia 1,11-12, wo sich der »erwachende Zweig« (hebr. Schaqed) und Gott als der »Wachende« (hebr. Schoqed) begegnen.
- **Antithetik:** Hier wird einer Aussage eine andere entgegengestellt, z.B. Psalm 20,8: »**Jene** verlassen sich auf Wagen und Rosse; **wir aber** denken an den Namen des Herrn, unsres Gottes.«

- **Bilder zur Veranschaulichung einer Aussage,** vgl. z.B. Jesaja 31,29-31: »Denn ihr werdet sein wie eine Eiche mit dürren Blättern und wie ein Garten ohne Wasser.«
- **Prophetische Zeichenhandlungen** machen das Wort Gottes für die Hörer sichtbar und erfahrbar. So forderte Gott Jesaja auf, nackt und barfuß auf die Straße zu gehen, um auf die Zukunft der Ägypter aufmerksam zu machen (Jes 20,2). Dies tat Jesaja immerhin für drei Jahre. Ich denke, auch in unserer Zeit würde eine solche Handlung Stadtgespräch sein und jedermann würde sich daran erinnern.

Dies sind einige Beispiele für verschiedene Gedächtnishilfen in der Bibel. Auch Jesus sprach in vielen Bildern. Für Menschen damals wie heute bedeutet dies eine gute Hilfe für Codierung und Encodierung von Gedächtnisinhalten.

Rituale wie z.B. das Sich-Bekreuzigen in der katholischen Kirche oder ein fester Ablauf der Gebetszeiten geben dem persönlichen Glauben einen allgemeinen Ausdruck, dienen der Erinnerung und bestätigen bzw. verankern noch einmal den Glaubensinhalt.

Ich möchte daher noch ein kleines Plädoyer für das Auswendiglernen biblischer Texte anhängen:

»Was von vielen Schülern, und nicht nur von ihnen, als lästige Qual empfunden wird, war für das jüdische Volk ein wichtiger Faktor bei der Bewahrung der biblischen Überlieferung und damit nicht zuletzt ein Garant für die Bewahrung der Identität der Juden als Volk. Biblische Texte auswendig zu lernen hieß, etwas auf die »Tafel des Herzens« zu schreiben (vgl. Jeremia 17,1, wo die Verinnerlichung jedoch einen negativen Gegenstand hat).

Interessanterweise heißt »auswendig lernen« im Engl. learn by heart, womit schon rein sprachlich sehr schön verdeutlicht wird, dass konsequent auswendig erlernte Texte ins Herz, also in unser Innerstes einzudringen vermögen; sie werden Bestandteil unserer ‚inneren Bibliothek', die nach Jesu Worten ein Werkzeug des Heiligen Geistes ist, mit dem wir äußerer Verunsicherung und Infragestellung begegnen können (siehe Johannes 14,26, wobei besonders der Umstand Beachtung verdient, dass nur zuvor Erlerntes auch erinnert werden kann).

Jesus ging, ganz in der Tradition seines Volkes stehend, davon aus, dass auch seine Jünger seine Worte zu Herzen nehmen, also auswendig lernen würden.«

(Aus einem Brief an die Autorin von Michael Oberländer, Pastor im Bund Freier Evangelischer Gemeinden, 2005)

Schafft der Text mich oder schaffe ich ihn?

Gemütlich sitze ich hier vor meinem PC. Vor mir liegt meine erste Bibel. Unweigerlich machen meine Gedanken kleine Ausflüge in meine Teenagerzeit. Mit dieser Bibel habe ich meine ersten »Gehversuche« in der Bearbeitung biblischer Texte gemacht – und man sieht es ihr an. Bunt unterstrichen, mit Randbemerkungen, Zeichen, Querverweisen versehen, zeugt dieses Buch davon, dass mit ihm wirklich gearbeitet wurde.

Heute steht meine erste Bibel überwiegend im Bücherregal, denn ich habe sie vor langer Zeit gegen eine Großdruckausgabe getauscht.

Texte, mit denen wir arbeiten, rücken uns näher – und sind nicht nur gut für die Seele, sondern schulen auch unseren Geist. Wenn wir biblische Texte nicht einfach nur lesend konsumieren, sondern mit und in ihnen arbeiten, ist das wie Jogging fürs Gehirn – eine gesunde Anstrengung, die stärkt und die Kondition erhöht.

Versuchen Sie doch einmal, Ihre Bibellese mit folgenden Methoden anzureichern:

1. Västeras-Methode / Die Arbeit mit Symbolen

Bei dieser Methode erleichtern Symbole (vorgegebene oder eigene) die Unterteilung des Textes. Ein erneuter Textzugang gestaltet sich für mich durch die Symbole einfacher, insbesondere wenn es um meinen persönlichen Schwerpunkt des Textes geht.

= Sonne: Mir ist ein Licht aufgegangen, ein wichtiger und verstandener Text

? = Fragezeichen: nicht verstanden

⬆ = Pfeil nach oben: Aufruf oder Idee zu konkretem Handeln

◆ = Raute: Text spricht mich persönlich an, ich gehe hierzu ins Gespräch mit Gott

D = Großes D: Danke

V = Großes V: Vorbild

! = Ausrufezeichen: eine Textaussage, die ich noch bedenken oder mit jemand anderem besprechen möchte

Vielleicht macht es Ihnen Freude, eigene Symbole einzufügen, bestehende zu entfernen oder zu verändern.

2. Netzplantechnik / Textreduzierung auf unverzichtbare Stichwörter[3]

Bei dieser Methode werden die wichtigsten Stichwörter markiert und mit Pfeilen oder Linien in einen Bezug zueinander gebracht. Es entsteht ein Netz von Bezügen, eine Art von Plan. Dieser Plan hilft den Inhalt wiederzugeben, daher ist diese Technik besonders für Redner geeignet. Um einen Netzplan zu erstellen, ist eine gründliche Analyse der einzelnen Inhalte und ihrer Beziehung zueinander notwendig.

Arbeiten Sie bei dieser Methode mit verschiedenen Textmarkern und ordnen Sie jeder Farbe eine Bedeutung zu.

Möchten Sie bei einem kurzen **Experiment** erfahren, auf welche **Weise Sie am besten lernen**? Infolge der vielen **nicht beeinflussbaren Faktoren** wie ihres momentanen Allgemein-

3 Die Idee zu dieser Technik stammt aus dem Buch „Ärztlicher Ratgeber: Problem Gedächtnis", hrsg. v. M. Hennerici. Baiersbrunn: Wort und Bild, 2. Aufl. 2004.

zustandes oder der Tageszeit kann dieses Experiment nur einen **tendenziellen Hinweis** geben. Aber Ihre **Stärken und Schwächen** werden deutlicher und Sie können dies bei der **Suche** nach einer **geeigneten Lernmethode** berücksichtigen.

Im Kapitel **»Interessante Internetseiten«** finden Sie Hinweise auf **Lerntypentests.**

3. Texterarbeitung mit Elementen aus dem Bibliodrama

Dieses Beispiel wirkt auf den ersten Blick wie eine Abwandlung der Netzplantechnik. Auf den zweiten Blick ist es eine Möglichkeit, einen engagierten und persönlichen Einstieg in einen Bibeltext zu haben, die sich besonders für Gruppen eignet.

Alle Teilnehmer lesen den Text in einer Stillearbeit durch. Jeder markiert in dem Abschnitt die Worte, die ihn besonders persönlich ansprechen. Je nach Größe der Gruppe wird die Anzahl der Worte begrenzt. Eine Möglichkeit ist auch der Austausch in Kleingruppen.

Die vorab genannten Methoden sind Beispiele. Sie eignen sich jedoch gut für Gruppengespräche und die gemeinsame Erarbeitung von Texten. Wer weitere Methoden sucht, um sie in der stillen Zeit zu verwenden, sei hiermit auf das Buch »Bibellesen persönlich« von Reinhard Henseling (erschienen im R. Brockhaus Verlag) verwiesen.

Gedächtnis-TÜV und Auswertung

Möchten Sie nach all den Informationen über das Gedächtnis gerne Ihr eigenes Gedächtnis überprüfen? Wenn Sie den folgenden Test mitmachen und mit Hilfe der Anleitung selbst auswerten, erhalten Sie einige Anhaltspunkte über Ihre Gedächtnisleistung. Der Gedächtnis-TÜV enthält Fragen nach der Merkfähigkeit in unterschiedlichen zeitlichen Speicherungen (Frage 1–5 +16), Fragen aus dem Bereich des episodischen (Frage 6–8) und semantischen (Frage 9–12) Gedächtnisses.

Außerdem enthält er Fragen die das persönliche Erleben von Gedächtnis betreffen (Frage 13–15). Er ist eine Zusammenfassung gängiger neuropsychologischer Testverfahren und wurde von einem Neuropsychologen auf seine Stichhaltigkeit hin überprüft. Eine Anmerkung in eigener Sache: Es handelt sich hier nicht um einen wissenschaftlich verifizierten Test, sondern um Fragen zu verschiedenen Gedächtnisfunktionen. Einen verifizierten Test, wie Ärzte ihn einsetzen, um kognitive Leistungsdefizite zu erkennen, führen Hausärzte, Neurologen, Geriater, Psychiater oder Neuropsychologen sowie Ergotherapeuten (in Zusammenarbeit mit einem Arzt) durch. Außerdem gibt es in Deutschland in fast jeder größeren Stadt Gedächtnisambulanzen bzw. Gedächtnissprechstunden.

Ansprechpartner bei ernsthaften Gedächtnisproblemen ist Ihr Hausarzt!

1. Welcher Wochentag ist heute?
2. Welchen Monat haben wir zurzeit?
3. Nennen Sie bitte das heutige Datum mit Jahresangabe!
4. Ohne auf eine Uhr zu schauen, benennen Sie bitte die momentane Uhrzeit.
5. Benennen Sie die nachfolgenden Bilder:

   Decken Sie nun die Bilder mit einem Blatt zu. Nehmen Sie nun ein zweites Blatt, schreiben Sie alle Bilder auf, an die Sie sich erinnern. Decken Sie die Bilder im Buch und Ihren Notizzettel wieder ab.

6. Wo war 1990 Ihr erster Wohnsitz?
7. Erinnern Sie sich, was Sie an den letzten 5 Tagen zu Mittag gegessen haben?
8. Was haben Sie an den beiden vergangenen Abenden getan?
9. In welchem Jahr starb John F. Kennedy?
10. Wann war der Fall der Berliner Mauer?
11. Wie heißt der derzeitige Bundespräsident?
12. Wie ist der Name des vorhergehenden Bundespräsidenten?
13. Suchen Sie öfter als 3-mal wöchentlich Alltagsgegenstände, z.B. Geldbeutel, Brille, Schlüssel oder Papiere?
14. Haben Sie den Eindruck, dass sich Ihre Fähigkeit Namen zu behalten in den letzten Wochen verändert hat?
15. Fällt Ihnen oder Personen in Ihrer Umgebung auf, dass Sie im Arbeitsalltag (Arbeitsprozess oder Organisation des Alltags / Haushalts) öfter als bisher etwas vergessen?
16. Erinnern Sie sich noch an die Bilder zu Beginn der Fragen? Schreiben Sie nun noch einmal, ohne vorher nachzuschauen, alle Bilder auf, an die Sie sich erinnern.

Auswertung Gedächtnis-TÜV

Geben Sie sich für jede korrekte Antwort die entsprechend aufgeführte Punktzahl. Tragen Sie die Punkte in das Raster ein.

Frage Nr.	mögliche Punktzahl (u. ggf. Lösung)	erreichte Punkte
1	 1	__________
2	 1	__________
3	 1	__________
4	(bei bis zu 30 Min. Abweichung nach oben oder unten): 1	__________
5	8–10 erinnerte Bilder: 8	__________
	6–7 erinnerte Bilder: 7	__________
	4–5 erinnerte Bilder: 5	__________
	3 erinnerte Bilder: 3	__________
	1–2 erinnerte Bilder: 1	__________
6	 1	__________
7	 1	__________
8	 1	__________
9	(1963) 1	__________
10	(1989) 1	__________
11	(Horst Köhler) 1	__________
12	(Johannes Rau) 1	__________
13	(für Nein)........................ 1	__________
14	(für Nein)........................ 1	__________
15	(für Nein)........................ 1	__________
16	8–10 erinnerte Bilder: 8	__________
	6–7 erinnerte Bilder: 7	__________
	4–5 erinnerte Bilder: 5	__________
	3 erinnerte Bilder: 3	__________
	1–2 erinnerte Bilder: 1	__________

ANHALTSPUNKTE ZUR EIGENBEWERTUNG

Wo liegt Ihre eigene Bewertung? Sind Sie zufrieden mit Ihrer Gedächtnisleistung? Gibt es einen Bereich, in dem Sie weniger Fragen beantworten konnten? Vielleicht möchten Sie diesen Bereich trainieren oder Ihr Gedächtnis in Topform bringen. Dann können die folgenden Seiten hilfreich sein. Vielleicht haben Sie auch den einen oder anderen Tipp schon auf den vorherigen Seiten gefunden.

Gehirn trainieren heißt profitieren.

Anmerkung zur Auswertung: Gedächtnisleistungen sind sehr individuell. Es ist deshalb nicht sinnvoll, eine Auswertung vorzunehmen, die eine bestimmte Leistung als »sehr gut«, eine andere als unzureichend kennzeichnet. Sinn dieses Rasters ist es, dass Sie Ihre eigene Kurve eintragen und ablesen können, wo die Stärken und Schwächen Ihres Gedächtnisses liegen.

DAS 30-TAGE-ÜBUNGSPROGRAMM

EINLEITUNG

In diesem Programm finden Sie Übungen, die Sie zum Training Ihres Gedächtnisses nutzen können. Sie können aber auch Aufgaben oder Aufgabentypen nutzen für z.B. einen Einstieg in eine Bibelstunde oder ähnliche Einheiten. Einzelne Übungen eignen sich auch, um sie gemeinsam mit anderen zu lösen und so ins Gespräch zu kommen.

Überkreuzbewegungen erhöhen die Durchblutung und damit die Sauerstoffzufuhr. Außerdem verbessern sie die Koordination der beiden Hirnhälften.

Die Vorschläge bestehen aus folgenden Aufgabentypen:

- **Bewegungsübungen (B)**
  a. einfaches Durchbewegen
  b. Koordinationsübungen
  c. Überkreuzbewegungen
- **Wahrnehmungsübungen (W)**
  - Tun Sie etwas Ungewohntes und Ihr Gehirn schafft neue Datenautobahnen. Es werden neue neuronale Verbindungen geknüpft. Ziel ist es, das sensorische Gedächtnis zu trainieren.
- **Atemübungen (A)**
  - Atemübungen erhöhen die Sauerstoffzufuhr, fördern die Entspannung und die Konzentration.
- **Entspannungsübungen (E)**
  - aus der Progressiven Muskelrelaxation nach Jacobson

Die Übungen beinhalten als **weitere Ziele des Trainings:**

- Förderung von Konzentration, Merkfähigkeit, Wortfindung, logischem Denken, Kreativität und Phantasie (Visualisierungsübungen).

Wenn Sie die Übungen als kleine Herausforderung nehmen und ein eigenes Gedächtnistraining durchführen, beachten Sie bitte Folgendes:

- Ein besseres Ergebnis stellt sich ein, wenn Sie die Aufgaben über den Tag verteilt lösen, anstatt sich zu einer bestimmten Zeit an ihnen festzubeißen. Zehn Minuten reichen aus, um die Hirndurchblutung zu erhöhen.
- Je nach Ihren persönlichen Vorlieben können Sie die Aufgaben austauschen oder auch eine Übung, die Ihnen besonders gut tut, erneut durchführen, selbst abwandeln oder eine Aufgabe des gleichen Typs entwickeln.
- Trinken Sie ein oder zwei Glas Wasser vor Beginn Ihrer täglichen Trainingseinheit. Sofern Ihnen nicht einer Erkrankung wegen eine Beschränkung Ihrer täglichen Trinkmenge verordnet wurde, sollten Sie das Trinken eines Glases Wasser zu einem festen Bestandteil Ihres Trainings machen.

Ein Glas Wasser bringt die Zellen in Schwung!

Übungsprogramm

1. Tag

Ruheraum (W):

Nehmen Sie sich fünf Minuten Zeit.

Schließen Sie Ihre Augen und erspüren Sie Ihr Umfeld.

Lassen Sie sich alle fernen und nahen Eindrücke bewusst werden, und lassen Sie sie dann weiterziehen. Vielleicht nehmen Sie einen Geruch wahr? Vielleicht nehmen Sie ein Geräusch wahr? Behalten Sie die angenehmen Eindrücke.

Vielleicht möchten Sie diese angenehmen Eindrücke mit in den Rest dieses Tages nehmen?

Aufgabe 1: Oberbegriffe finden

Schauen Sie sich die Bilder auf der rechten Seite genau an. Sie haben eine Minute Zeit. Versuchen Sie sich so viele Gegenstände wie möglich zu merken. Vielleicht hilft Ihnen die Strategie, einzelne Gegenstände zu inhaltlichen Gruppen zusammenzufassen, d.h. Oberbegriffe zu finden.

Aufgabe 2: Verrückte Trennung

Im folgenden Text ist die Trennung der einzelnen Wörter im wahrsten Sinn des Wortes verrückt. Zusätzlich sind alle Satzzeichen gestrichen worden.

Versuchen Sie trotzdem, den Text zu lesen und dabei die sinnvollen Trennungen einzufügen.

> Dam alswoll ten ein igele uteih rekin der zuj esu sbrin gend amit erih nend iehän deaufl egeun dfür sieb etea berdi ejün gerf uhren siea nund woll tens iewe gschi cken dasag teje susl asstd ochdi ekin derh inder tsien ichtz umir zukom mend ennf ürmen schenwi esi esteh tgot tesne uewel toff enda nnleg teer denk inder nsegn enddi ehän dea ufun dzo gvo ndor twei ter.

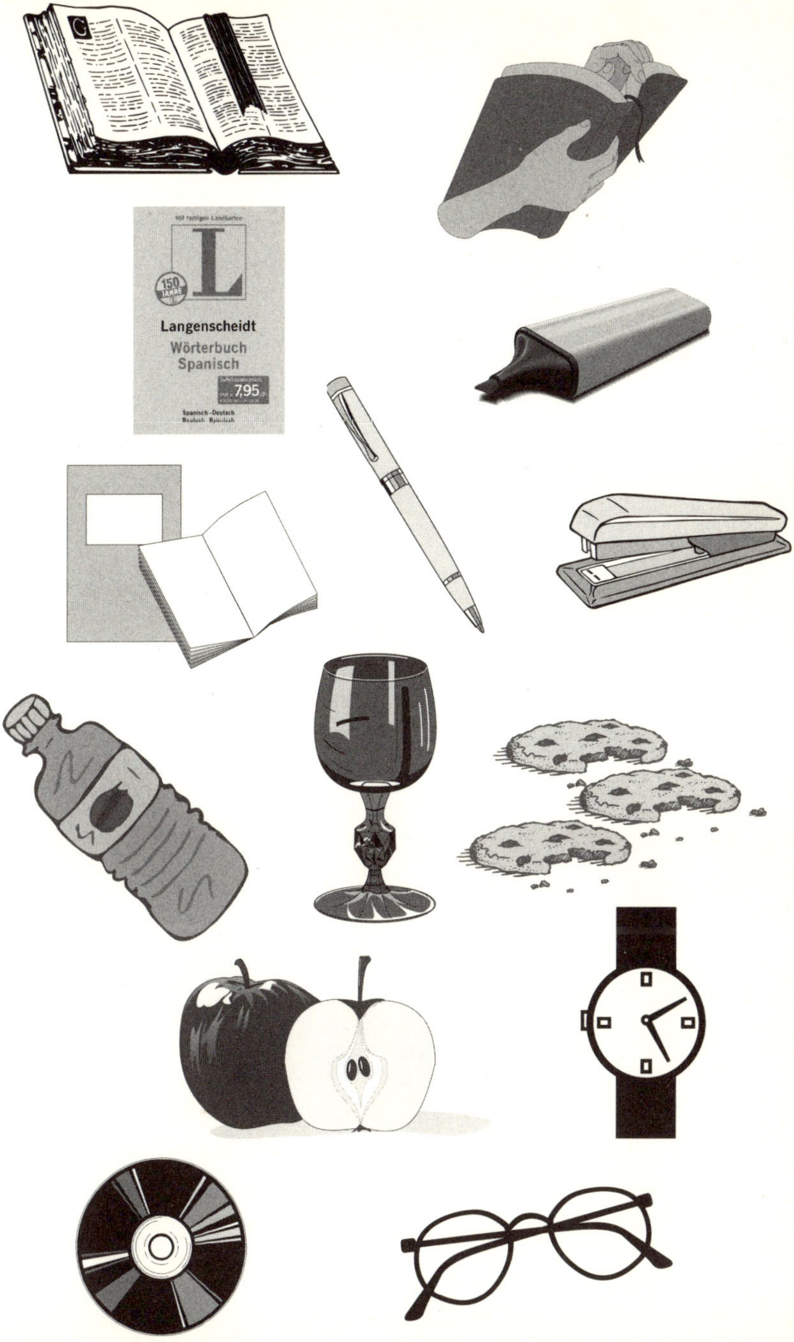
Langenscheidt
Wörterbuch
Spanisch
7,95
Spanisch–Deutsch

Überkreuz (B)

Diese Übung können Sie im Gehen oder Sitzen durchführen.

Tippen Sie im Wechsel mit der rechten Hand auf Ihr linkes Knie und anschließend mit der linken Hand auf Ihr rechtes Knie. Wiederholen Sie diese Überkreuzbewegung mehrmals.

Aufgabe 1: Schäfchen zählen

17 Schafe eines Schäfers sollen vorübergehend auf umliegende Herden an drei verschiedene Schäfer verteilt werden.

Einer soll die Hälfte, ein anderer ein Drittel und ein weiterer ein Neuntel bekommen. Wie ist das möglich, ohne ein Schaf in Stücke zu teilen?

Aufgabe 2: Anfang und Ende

Lesen Sie einfach zügig durch. Versuchen Sie nicht, die Buchstaben zurechtzurücken. Anmerkung: Bran und Brendan sind Eigennamen.

Überrascht? Unser Gehirn hat die Fähigkeit, die Zusammensetzung der Buchstaben selbst zu organisieren. Wichtig ist als Orientierungshilfe, dass Anfangs- und Endbuchstaben stimmen.

Fudnelrcih hsat du mcih
Aus dem Dnkuel der Ncaht
Ans Lhcit des nueen Tgeas ghefürt
Lob sei dir geutr Gtot!
Sgene dseien Tag und alle minee Tgae,
die ich uwtnreegs bin zu dir.
Auf slmachen Srtasesn
Kmome ich zu dieenr bgerdeenn Brug.
Süzchte mcih auf dem Meer und auf dem Lnad,
wie du Brendan geütschzt hast und Bran.
Egrriefe ganz von mir Bistez
Und flütsree dien Wort in mien Ohr.

In Concert (W)

Nehmen Sie sich Zeit und hören Sie in einer angenehmen und ruhigen Atmosphäre mit geschlossenen Augen ein Musikstück. Hierzu eignet sich ruhige Instrumentalmusik oder klassische Musik.

Aufgabe 1: Puzzle

Prägen Sie sich möglichst viele Einzelheiten des Bildes ein. Nehmen Sie sich eine Minute Zeit. Blättern Sie dann zur nächsten Seite.

Lawrence Alma-Tadema · Die Rettung des Moseknaben

Frage zu diesen beiden Teilen: Wo gehören diese beiden Teile hin? Versuchen Sie ohne umzublättern so genau wie möglich die Position der beiden Teile zu beschreiben.

Aufgabe 2: Verlorene Vokale

Jss wrd n Bthlhm n Jd gbrn, zr Zt, ls Kng Hrds ds Lnd rgrt. Bld nch snr Gbrt kmn Strndtr s dm stn nch Jrslm nd frgtn: »W fndn wr dn ngbrnn Kng dr Jdn? Wr hbn snn Strn fghn shn nd snd gkmmn, m hm z hldgn.

Welche Buchstaben müssen Sie zum Textverständnis neu einfügen?

4. Tag

5 Sinne (W)

Nehmen Sie sich einen Apfel oder eine andere essbare Frucht. Mit wie vielen Ihrer 5 Sinne können Sie diesen Apfel erfahren? Wie fühlt sich der Apfel an? Wie riecht der Apfel? Wie sieht der Apfel aus? Wie hört sich der Apfel an, wenn Sie ihn aufschneiden oder hineinbeißen? Wie schmeckt er?

Nehmen Sie sich bewusst Zeit und konzentrieren Sie sich auf die jeweilige Tätigkeit.

Aufgabe 1: Wortversteck

In diesem Wortversteck sind senkrecht und waagerecht folgende Wörter verborgen:

Linsensuppe, Obst, Most, Wild, Feigen, Kraeuter, Olivenöl, Honig, Rosinenkuchen, Weizen, Weintrauben, Mehl, Fladenbrot, Milch

A	S	D	B	T	J	I	K	F	S	S	X	W	E	F	E	I	G	E	N
G	H	T	D	V	H	J	I	K	G	J	Z	U	O	P	Ü	I	U	J	N
H	X	D	V	B	N	H	U	E	R	G	E	R	S	F	U	K	A	K	K
O	E	F	Z	U	G	A	P	F	B	O	C	R	H	U	F	K	U	R	R
N	A	S	S	D	A	C	H	R	I	L	K	U	H	B	E	K	O	L	O
I	D	S	A	M	E	H	L	W	R	I	Z	U	N	F	N	U	S	S	S
G	F	L	A	O	M	E	J	A	K	V	L	R	O	L	L	I	N	R	I
G	T	Z	C	S	S	Z	K	O	L	E	P	M	V	A	F	L	B	R	N
A	T	J	P	T	J	L	I	B	A	N	I	G	I	D	K	I	F	X	E
R	T	H	O	N	A	W	I	L	F	O	T	U	R	E	H	U	Z	A	N
F	E	I	L	A	S	R	T	H	W	E	I	Z	E	N	O	P	W	E	K
K	R	A	E	U	T	E	R	H	O	L	M	U	R	B	T	X	S	U	U
M	I	L	C	H	R	E	T	W	A	S	D	R	T	R	I	O	K	J	C
O	G	W	E	I	N	T	R	A	U	B	E	N	O	O	Z	T	R	S	H
U	H	D	X	V	H	U	O	P	L	Ü	H	S	N	T	K	O	P	L	E
B	F	Z	I	P	J	D	W	R	U	O	G	S	Y	Z	D	L	O	V	N
F	L	A	D	E	N	T	E	W	I	L	D	F	R	H	U	I	B	B	E
F	J	U	R	E	D	G	Z	U	I	W	I	H	S	T	W	D	S	F	R
R	F	R	Z	J	T	D	E	X	G	J	O	Ö	H	F	C	F	T	U	E
L	I	N	S	E	N	S	U	P	P	E	G	T	U	I	B	X	D	G	P

Aufgabe 2: Bergsteiger

Dies ist eine Konzentrationsaufgabe zur visuellen Wahrnehmung. Bitte lesen Sie den Text.

sich ausgeschmücket haben

wie sie dir und mir

Gärten Zier und siehe

Schau an der schönen

Gottes Gaben

Sommerzeit an deines

dieser schönen

und suche Freud in

Geh aus mein Herz

Körperreise (E)

Machen Sie eine kleine gedankliche Reise durch Ihren Körper.

Machen Sie es sich in Ihrem Lieblingssessel bequem. Nehmen Sie sich fünf Minuten Zeit und schließen Sie die Augen.

Spüren Sie nach, wie Sie sitzen, wie Ihr Körper Kontakt zur Sitz- und Rückenfläche hat, wie Ihre Füße fest auf dem Boden stehen.

Wandern Sie nun mit Ihren Gedanken durch den ganzen Körper und nehmen Sie wahr: …

Beschreiben Sie Ihre positivste Wahrnehmung und bedanken Sie sich bei Ihrem Körper und Ihrem Schöpfer.

Beenden Sie diese Übung, indem Sie sich ausgiebig strecken und räkeln.

Aufgabe 1: Geheimbotschaft

Bei diesem Rätsel ist Ihre Fähigkeit, um die Ecke zu denken, gefragt. Nehmen Sie das, was Sie sehen, wörtlich z.B.

D
E
NKEN um die Ecke denken

W c ______________________

G ↓ ______________________

Aufgabe 2: Cäsars Verschiebechiffre

Hier handelt es sich um eine Geheimschrift, die der römische Diktator Cäsar zum Verschlüsseln seiner Botschaften benutzte. Sie wird Cäsarchiffre oder Verschiebechiffre genannt.

Dabei werden die Buchstaben um eine, zwei, drei oder noch mehr Stellen im Alphabet verschoben.

Wie heißt die Botschaft?

Ghu Klppho yhunxhqghw Jrww lvw juvv!

____

Aufgabe 3: In Wellen gelegt

Der Herr ist mein Hirte, mir wird nichts mangeln.

Er weidet mich auf einer grünen Aue

und führet mich zum frischen Wasser.

Er erquicket meine Seele.

Er führet mich auf rechter Straße

um seines Namens willen.

Und ob ich schon wanderte im finstern Tal,

fürchte ich kein Unglück; denn du bist bei mir,

dein Stecken und Stab trösten mich.

Du bereitest vor mir einen Tisch

im Angesicht meiner Feinde.

Du salbest mein Haupt mit Öl

und schenkest mir voll ein.

Gutes und Barmherzigkeit werden mir folgen

mein Leben lang,

und ich werde bleiben im Hause des Herrn

immerdar.

Orchesterchef (B)

Hören Sie rhythmische Musik und stellen Sie sich vor, Sie seien der Dirigent.

Dirigieren Sie nun Ihr Orchester. Anfänglich mag das ungewohnt sein, aber dann …

Aufgabe 1: Durch das ABC

Welche Städte und Orte der Bibel fallen Ihnen ein, um dieses ABC zu füllen?

A ______________________________

B ______________________________

C ______________________________

D ______________________________

E ______________________________

F ______________________________

G ______________________________

H ______________________________

I ______________________________

J ______________________________

K ______________________________

L ______________________________

M

N

O

P

Q

R

S

T

U

V

W

X

Y

Z

Aufgabe 2: In Wellen gelegt

tnhow erhE enied ad ,trO ned dnu sesuaH

senied ettätS eid beil ebah hci ,rreH

Opposition (B)

Führen Sie gleichzeitig die Daumen und Zeigefinger der linken und rechten Hand zusammen. Mit einem leichten Druck berühren sich die Fingerspitzen. Wechseln Sie nun zu jeweils Daumen und Mittelfinger und üben Sie nun ebenfalls einen leichten Druck aus. Tun Sie dies auch mit Daumen und Ringfinger sowie Daumen und kleinem Finger beider Hände. Erproben Sie nun, in welchem Tempo Sie – immer mit beiden Händen gleichzeitig – vor und zurück wechseln können.

Aufgabe 1: Zeichensprache

Sie sehen hier das deutsche Fingeralphabet abgebildet. Versuchen Sie sich so viele der Zeichen zu merken wie möglich.

Sie werden auf den nachfolgenden Seiten einen Text in Zeichensprache sehen. Versuchen Sie den Text möglichst ohne Umblättern zu übersetzen.

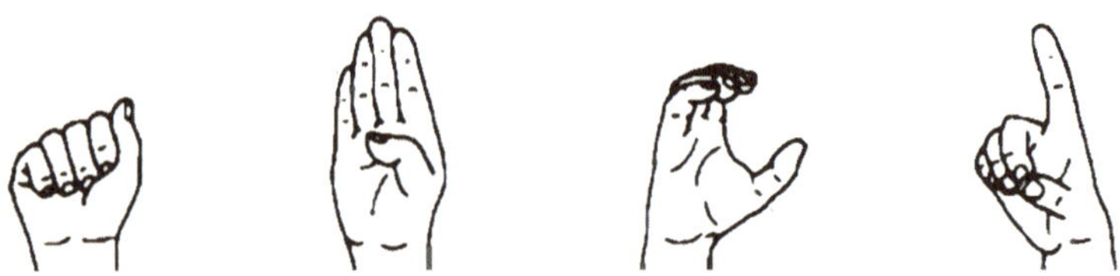

A B C D

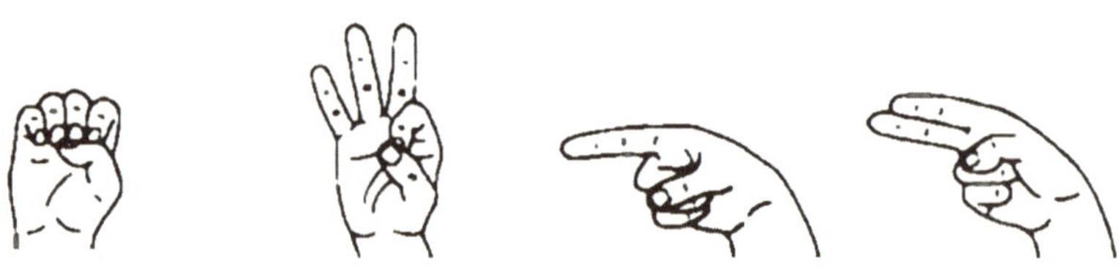

E F G H

I

J

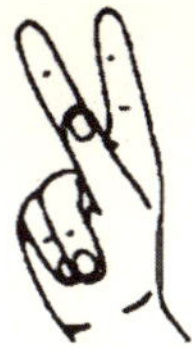
K

L

M

N

O

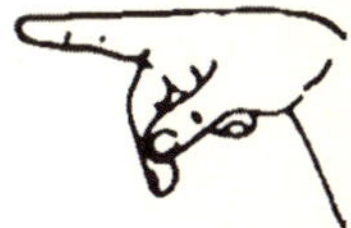
P

Q

R

S

T

U

V

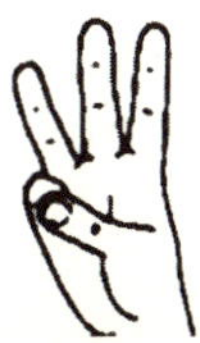
W

X

Y

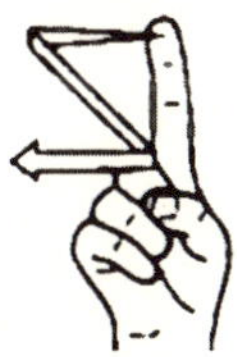
Z

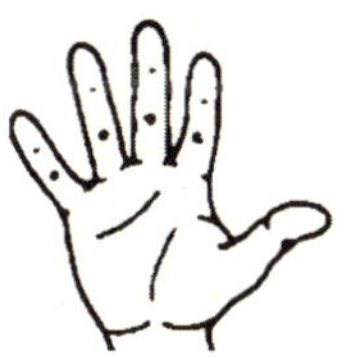
SCH

Ä

Ö

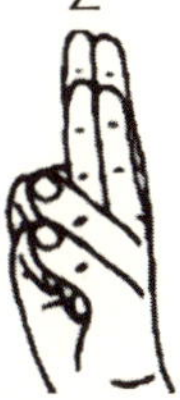
Ü

ß

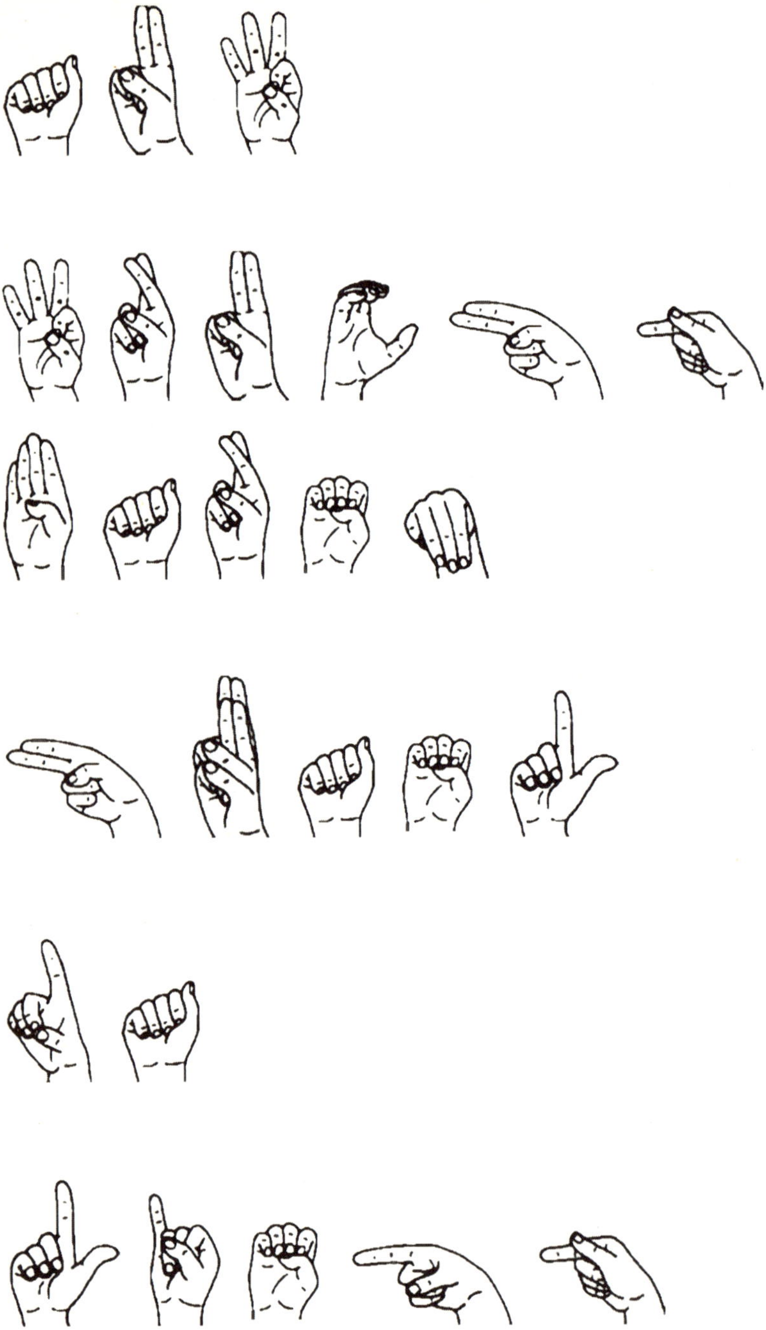

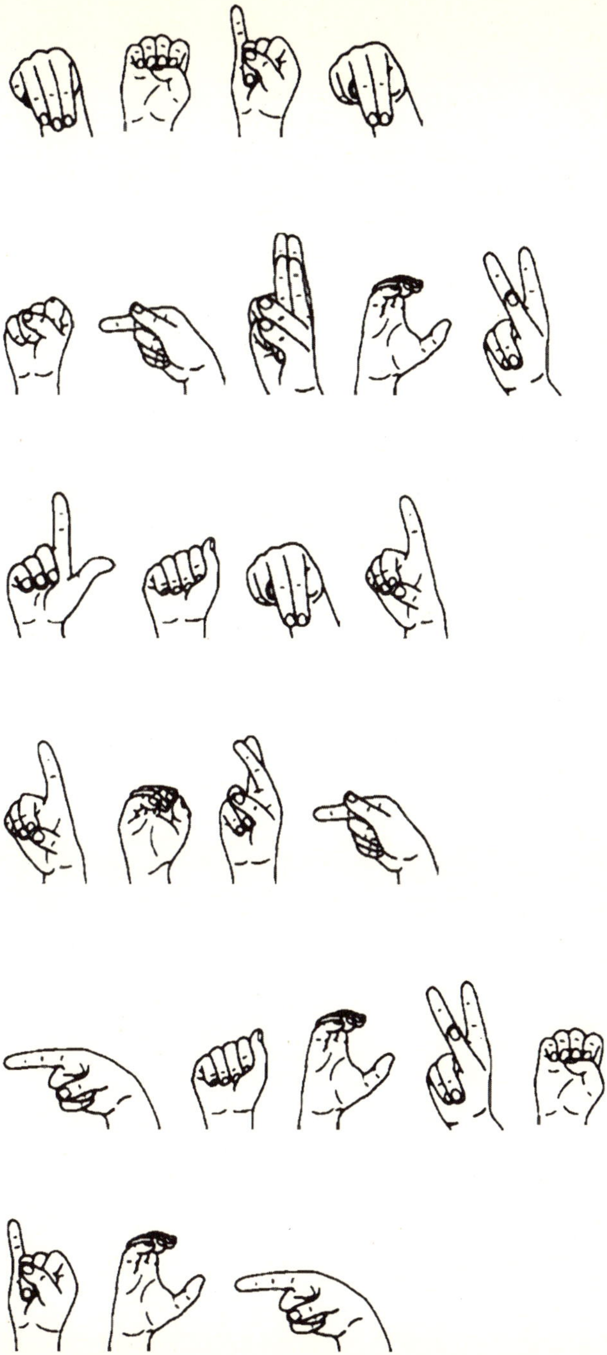

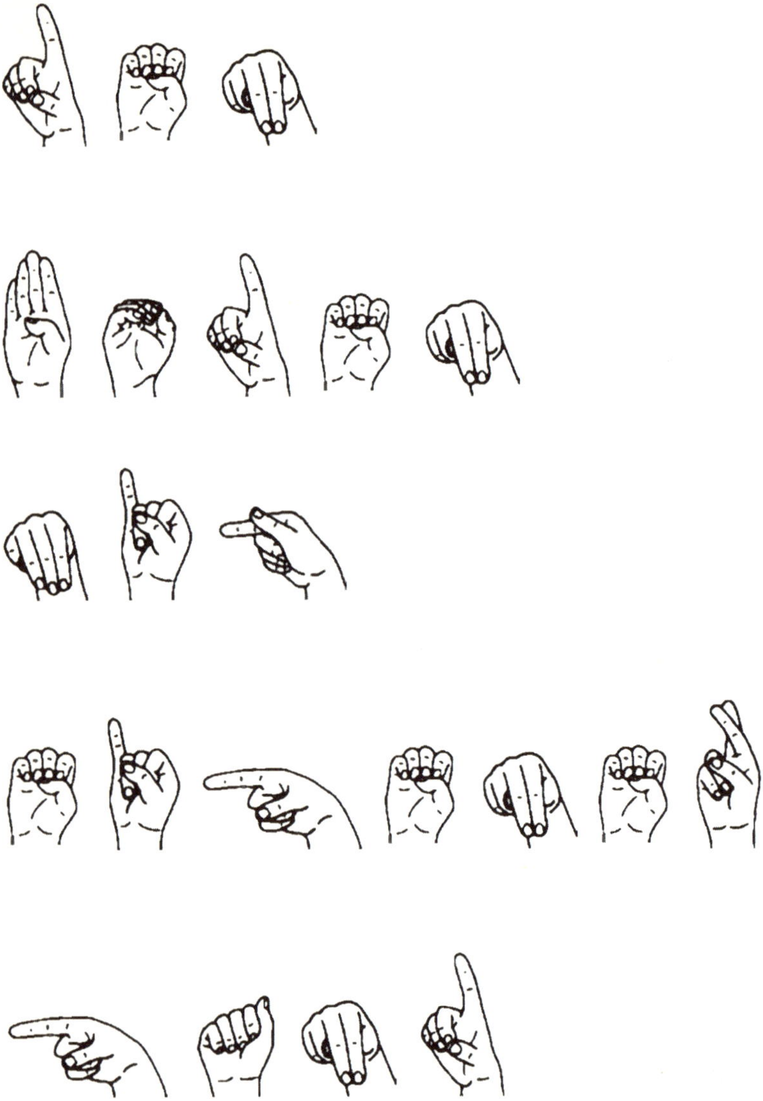

Langer Atem (A)

Setzen Sie sich bequem auf einen Stuhl. Stellen Sie Ihre Füße hüftbreit und parallel auf den Boden. Ihr Rücken ist angelehnt. Die Handflächen beider Hände legen Sie auf Ihren Bauch. Spüren Sie, wie sich Ihre Hände heben und senken, wenn Sie ein- und ausatmen. Wenn Sie möchten, zählen Sie, während Sie ausatmen. Wie weit kommen Sie? Vielleicht möchten Sie die Ausatmung um eins verlängern; spüren Sie nach, was Ihnen gut tut. Beenden Sie diese Übung, indem Sie sich recken und strecken.

Aufgabe 1: Pausenlos

DUFÜHRSTMICHDENWEGZUMLEBEN.INDEINER
NÄHEFINDEICHUNGETRÜBTEFREUDE;AUSDEINER
HANDKOMMTMIREWIGESGLÜCK.

Aufgabe 2: Wo ist Wo

Falten Sie Seite 81 längs in der Mitte, so dass sie verdeckt ist. Prägen Sie sich die Landkarte auf Seite 80 gut ein, bevor Sie die folgende Seite wieder auffalten.

Nun decken Sie die Landkarte mit einem Blatt Papier zu und öffnen Sie die gefaltete Seite.

Versuchen Sie nun mit einem Bleistift, die nachfolgenden Orte an der richtigen Stelle einzuzeichnen: Nazareth, Qumran, Kapernaum, Emmaus, Bethlehem, Jericho.

RELIEFKARTE VON PALÄSTINA

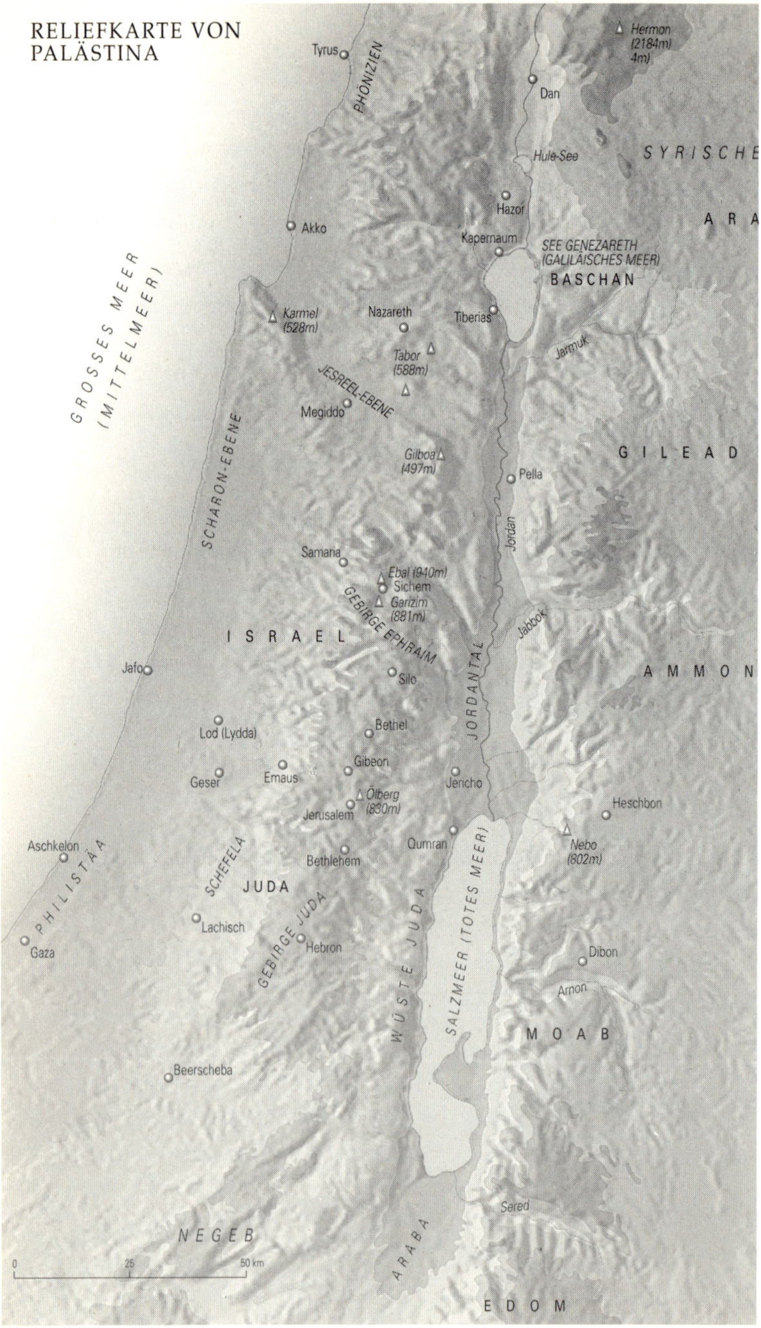

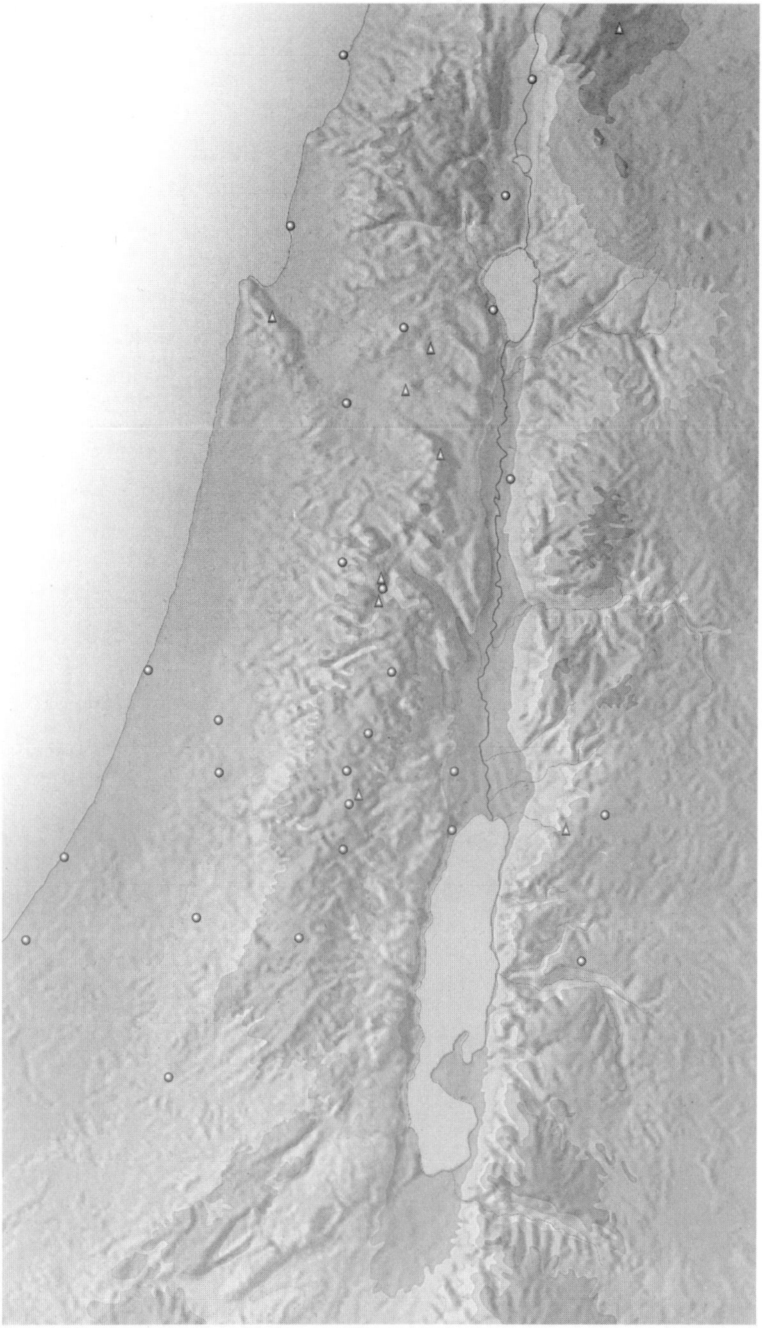

9. Tag

Gesichtsgymnastik (B)

Gehen Sie in Ihrer Wohnung umher und lockern Sie Ihre Gesichtsmuskulatur, indem Sie Grimassen schneiden: Ziehen Sie die Stirn in Falten, rümpfen Sie die Nase, spitzen Sie die Lippen, pusten Sie die Wangen auf usw. Seien Sie kreativ. Beenden Sie Ihren Gang durch die Wohnung vor einem Spiegel und lächeln Sie sich an.

Lachen stärkt Ihr Immunsystem!

Aufgabe 1: Wer gehört zu wem ?

Folgen Sie erst einmal nur mit den Augen den Linien.

Aufgabe 2: Pausenlos

DIENATURWISSENSCHAFTBRAUCHTDER-
MENSCHZUMERKENNEN;DENGLAUBENZUM
HANDELN.

(Max Planck, Begründer der Quantentheorie und Nobelpreisträger)

Max Planck

Hitliste (A)

Singen Sie Ihren Lieblingssong, mit Musik oder *a capella*.

Aufgabe 1: Ein Wort vom Kreuz

Beantworten Sie die unten stehenden Fragen anhand der angegebenen Bibelverse und tragen Sie die Wörter in die entsprechenden Kästchen ein.

Sie erhalten in den hervorgehobenen Kästchen dann von oben nach unten das Lösungswort. Wie weit das Lösungswort für Sie persönlich mit dem Kreuz zu tun hat, können nur Sie selbst entscheiden.

1. Wie lange bleibt der Sohn im Hause? (Johannes 8,35)
2. Der Psalmist lobt Gott mit ________ und Pfeifen. (Psalm 150,4)
3. Hauptnahrungsmittel der Israeliten auf dem Weg durch die Wüste? (2. Mose 16,35)
4. Welches Zeichen setzte Gott ein für seinen Bund mit Noah? (1. Mose 9, 12-17)
5. Gesucht wird ein Bruder von einem der ersten Brüderpaare. (1. Mose 4,1)
6. Worüber ist Christus das Haupt? (Epheser 1,22)
7. Was tat Jesus 40 Tage und Nächte? (Matthäus 4,2)
8. Wie wurden die Jünger in Antiochien genannt? (Apostelgeschichte 11,26)
9. Was sah der Schreiber der Offenbarung außer einer neuen Erde noch? (Offenbarung 21,1)
10. Gesucht wird ein aramäisches Wort für Vater. (Markus 14,36)
11. Wie heißt das letzte Buch in der Bibel?
12. Der Gott aber der Geduld und des ________ es gebe euch, dass ihr einträchtig gesinnt seid untereinander, Christus Jesus gemäß. (Römer 15,5)

Aufgabe 2: Buchstabenpfad

Folgen Sie den Pfeilen und Sie werden das Wort finden:

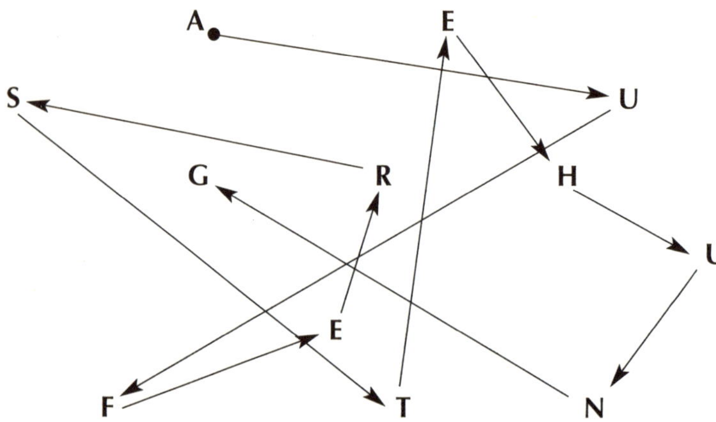

Tastatur (W)

Wenn möglich gehen Sie mit geschlossenen Augen zu Ihrem Telefon. (Tun Sie dies nur, wenn Ihre körperliche Verfassung und die Wohnungsgestaltung es zulassen.) Tasten Sie nun Ihr Telefon mit geschlossenen Augen ab. Nehmen Sie bewusst auch einmal die nicht dominante Hand, d.h. als Rechtshänder die linke Hand und umgekehrt. Versuchen Sie alle Tasten und Tastenfunktionen zuzuordnen.

Aufgabe 1: Wortversteck

Im Raster auf Seite 88 sind folgende Namen senkrecht und waagerecht, vorwärts und rückwärts versteckt:

Josua, Benjamin,Lea, Debora, Nimrod, Kedar, Sara, Talmai, Eleasar, Jakob, Jesus, Eva, Rahab, Isaak, Abraham, Eldad, Tamar

Aufgabe 2: Pausenlos

NOIZSUAHCIDEKRÄTSDNUMUTGILIEHMOVEFLIH

RIDEDNESREHCIDEZTÜHCSSBOKAJSETTOGSED

EMANREDTONREDNIHCIDERÖHRERREHRED

ZU AUFGABE 1

A	B	C	D	E	F	G	H	A	U	S	O	J	K	I	U	G	C	D	X
N	I	M	R	O	D	G	Z	G	D	X	D	A	H	D	E	B	O	S	A
D	E	F	R	G	V	G	T	H	S	U	S	E	J	H	A	G	A	A	H
J	A	G	R	G	T	J	U	K	N	V	X	C	V	G	H	Z	E	R	A
A	I	A	M	L	A	T	D	E	G	F	D	E	C	F	G	H	U	A	F
D	E	T	F	Z	H	A	R	Z	J	A	D	F	G	R	G	C	G	T	H
K	E	D	R	T	T	M	S	A	S	A	D	B	O	K	A	J	T	F	S
E	Z	H	B	C	N	A	B	R	A	H	A	M	H	D	C	N	O	J	U
F	R	T	W	R	T	R	J	S	U	S	E	D	A	S	F	E	T	Z	J
D	E	F	R	G	I	H	J	K	L	G	D	S	E	U	R	O	D	A	S
F	E	J	K	T	S	D	C	V	B	N	M	C	V	B	N	M	H	F	D
D	L	J	G	T	A	F	C	V	B	N	E	W	D	C	C	A	K	Z	E
L	E	A	H	T	A	U	T	O	D	F	N	N	E	I	N	V	F	A	B
D	A	C	H	R	K	E	D	A	R	G	I	B	G	T	D	E	J	I	O
K	S	B	E	N	J	Z	R	D	X	V	M	L	R	E	S	C	G	T	R
F	A	R	T	G	Z	H	I	E	L	D	A	D	S	A	D	B	R	S	A
E	R	H	U	T	R	D	C	G	G	Z	J	K	E	W	F	A	M	K	I
D	E	T	D	E	T	Z	J	I	N	Z	N	L	E	R	T	H	M	I	V
T	R	E	S	C	F	G	H	Z	J	I	E	K	G	R	D	A	H	U	T
F	E	T	A	S	E	A	D	T	B	M	B	N	F	R	M	R	N	B	M

Opposition (B)

Wiederholen Sie die Übung von Tag 7 und führen Sie die Bewegung entgegengesetzt aus: Während Sie mit der rechten Hand mit Daumen und Zeigefinger in Richtung des kleinen Fingers beginnen, fangen Sie mit der linken Hand mit Daumen und kleinem Finger in Richtung Zeigefinger an.

Aufgabe 1: Buchstabensuche

Die Worte fangen in jeder Reihe jeweils mit den gleichen Buchstaben an. Finden Sie die jeweils passenden Anfangsbuchstaben.

1 Buchstabe

_ erusalem   _ ericho   _ osua   _ erobem

2 Buchstaben

_ _ in   _ _ mel   _ _ mmer   _ _ mpf

_ _ raham   _ _ schied   _ _ nehmen

_ _ me   _ _ en   _ _ eise

3 Buchstaben

_ _ _ nich   _ _ _ ft   _ _ _ ut   _ _ _ nkheit

Aufgabe 2

In der folgenden Aufgabe werden Wörter mit dem gleichen Anfangs- und Endbuchstaben gesucht, z.B. Reiher, Reiter, Retter usw.

E _ _ _ e	E _ e	E _ _ e	E _ _ e
E _ _ _ e	E _ _ e	E _ _ e	E _ _ e
E _ _ e	E _ _ e	E _ _ _ e	E _ _ e

Diese Wörter kommen übrigens alle in der Bibel vor (keine Namen).

Aufgabe 3: Anfang und Ende

Nur auf Gtot vtreurae ich und bin rhiug; von ihm aeilln ewratre ich Hlfie. Er ist der Fles und die Brug, wo ich in Serchieht bin. Wie slolte ich da wekann?

Anti-Stress-Übung(E)

Stellen Sie sich aufrecht hin. Ihre Füße stehen hüftbreit und parallel. Knie und Hüfte sind leicht gebeugt. Spüren Sie nach, wie Ihre Muskelspannung ist. Wie fühlt sich Ihre Schulter- und Nackenpartie an?

Ziehen Sie nun beide Schultern nach oben und bilden Sie nun gleichzeitig mit beiden Händen in einer mittleren Anspannung eine Faust. Halten Sie diese Spannung für ca. sieben Sekunden. Lösen Sie nun die Anspannung von Schulter, Nacken, Armen und Händen. Spüren Sie der Entspannung nach. Spüren Sie, wie Ihre Schultern weiter absinken, Arme und Hände sich entspannen. Nehmen Sie sich Zeit, um die Entspannung zu spüren.

Führen Sie diese Übung dreimal nacheinander durch.

Aufgabe 1: Verrückte Trennung

GOT THA TDERSON NEEINZ ELTGEB AUT SIEK OM MTDAR AUSHE RVORWI EDERB RAEUTIG AM AUSDE MBRA UTGEM ACH WIEEINS IEGERB ETRIT TSIEIHR EBAHN

Aufgabe 2: Kreativkreise

Was kann man alles an Gegenständen und Bildern aus einem Kreis (Seite 93) machen? Der Kreis kann als Gegenstand abgebildet werden oder Teil eines Bildes oder Gegenstandes sein.

Welchen dieser Gegenstände gab es schon zur Zeit Jesu?

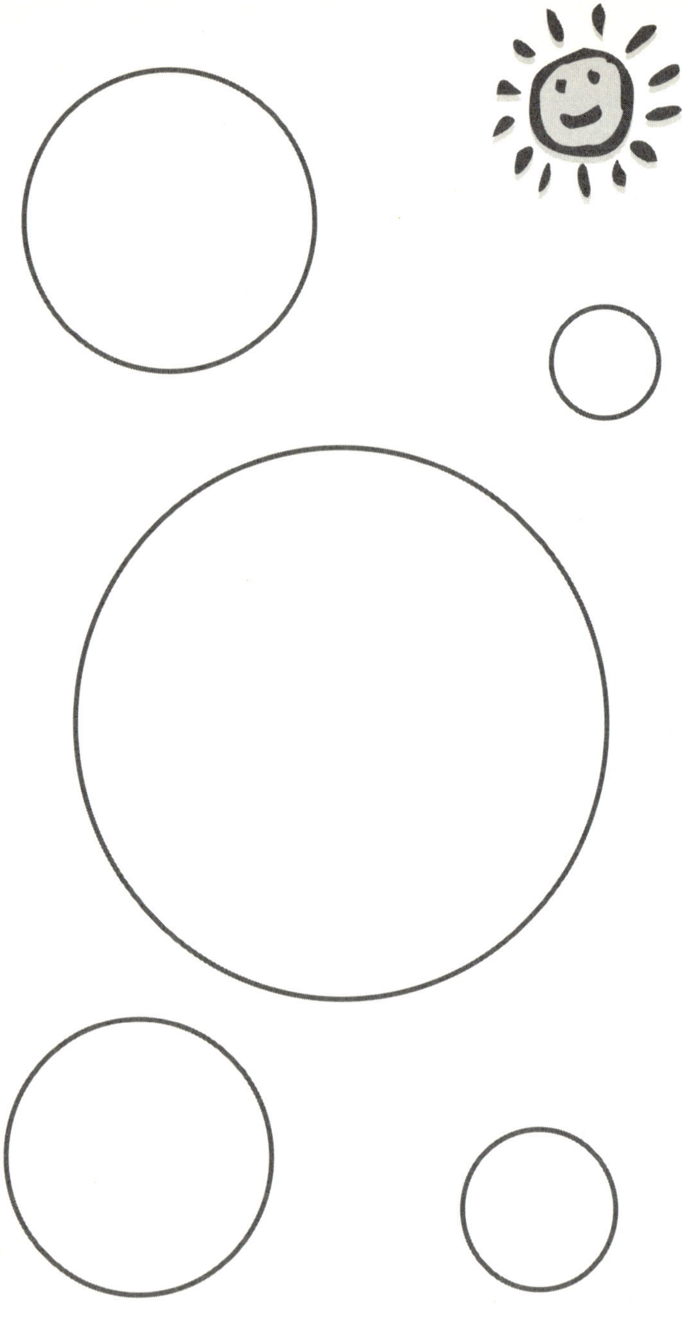

Ein flottes Solo (B)

Legen Sie sich eine fröhliche Musik auf und bewegen Sie sich im Rhythmus der Musik.

Aufgabe 1: Spurensuche

Alle Antworten beginnen mit dem gleichen Anfangsbuchstaben.

- Was warfen die Jünger Jesus vor während des Sturmes auf dem See Genezareth?

  ____

- In welchem Gebäude predigte Jesus öfter?

  ____

- Welcher König wurde mit der Harfe beruhigt?

  ____

- Bei welcher Steinigung hielt Paulus die Mäntel?

  ____

- Wie hieß Paulus, bevor er sich zu Christus bekannte?

  ____

- Auf welchem Berg nahm Mose die Zehn Gebote entgegen?

  ____

- Wie hieß der Sohn, der König David auf den Thron folgte?

  ____

- Wie hieß die Frau von Abraham?

____

- Welcher Prophet kommt in der Bibel nach Haggai?

____

- Welcher kleine Samen wächst höher als alle anderen Gartenpflanzen?

____

- Wie hieß der Mann, der den Tod nicht sehen sollte, bevor er Christus sah?

____

Aufgabe 2: Verrückte Trennung

Fre uend ürfe nsic hall edi enur nochvo ngotte twaser wart enmi tgott wer densi elebe ninse inern eue nwelt. fre uend ürfe nsic hall edi eun terd iese rheil los enwel tlei deng ottwir dihr emle idfü rimme reinen demac hen. fre uend ürfe nsic hall edi eauf gewal tverz ich tengo ttwir dihn endie er dezum besi tzge ben. Fre uend ürfe nsic hall edi edan ach hun gernu ndd ürst end as si chau fde-rer degot tesge rech terwil ledur chse tztgo ttwir dihre nhun gerstil len. fre uend ürfe nsic hall edi ebar mher zigsin dgot twir dau chmiti hnenbar mher zigse in. Fre uend ürfe nsic hall edi eimh erze nrei nsi ndsi ewerd engo ttse hen.

Sitzgymnastik (B)

Einige einfache gymnastische Übungen, die Sie im Sitzen durchführen können.

Ausgangsposition: Sitzen Sie aufrecht auf einem Stuhl, möglichst ohne Seitenlehnen. Die Füße stehen in hüftbreitem Abstand und haben mit den Fußsohlen Bodenkontakt. Wenn möglich ist der Rücken eine Handbreit entfernt von der Rückenlehne. Achten Sie auf eine entspannte, aber stabile Sitzhaltung.

Wiederholen Sie jede Übung wenn möglich zehnmal. Achten Sie auf Ihre persönliche Kondition.

1. Stellen Sie beide Füße auf die Zehenspitzen und rollen nun mit der Fußsohle ab, bis Sie auf den Zehenspitzen stehen. Halten Sie einen kurzen Moment inne und rollen nun die Fußsohlen ab, bis Sie wieder auf den Fersen stehen.

2. Stellen Sie den rechten Fuß auf die Zehenspitzen und den linken Fuß auf die Ferse. Rollen Sie nun entgegengesetzt mit den Fußsohlen ab, bis Sie mit dem rechten Fuß auf der Ferse und mit dem linken Fuß auf den Zehenspitzen ankommen.

3. Heben Sie den rechten Fuß geringfügig vom Boden ab und beschreiben Sie Kreise mit dem Fuß. Stellen Sie sich vor, Sie hätten einen Farbpinsel am großen Zeh und malten damit Kreise. Die Bewegung soll aus dem Sprunggelenk kommen. Vermeiden Sie Bewegungen aus Knie und Hüfte an dieser Stelle. Wechseln Sie Drehrichtung und Fuß.

4. Strecken Sie das rechte Bein und stellen Sie den Fuß nach vorne mit der Ferse auf den Boden. Beugen Sie das Bein

nun im Knie, gehen Sie in gerader Linie mit dem Fuß nach hinten und stellen Sie den Fuß mit den Zehenspitzen auf. Wiederholen Sie diese Übung mehrmals und wechseln Sie dabei die Seite.

5. Beginnen Sie nun die gleiche Übung, jedoch mit dem rechten Bein(gestreckt) auf der Ferse und mit dem linken Bein (gebeugt) auf den Zehenspitzen, und wechseln Sie nun gleichzeitig in die Gegenposition.

6. Bewegen Sie sich auf der Sitzfläche vor und zurück, indem Sie abwechselnd das Körpergewicht nach rechts und links verlagern und dabei mit dem Po links und rechts vor- und zurückgehen.

7. Strecken Sie den rechten Arm in Richtung Zimmerdecke. Dehnen Sie langsam die Arm- und Schultermuskulatur, indem Sie sich recken, als ob Sie etwas von oben wegnehmen möchten. Wechseln Sie nun die Seite und führen Sie diese Übung auch mit dem anderen Arm durch.

8. Beschreiben Sie mit beiden Schultern jeweils einen Kreis. Stellen Sie sich wieder vor, Sie hätten einen Farbpinsel auf der Schulter und malen jeweils links und rechts gleichzeitig Kreise. Wechseln Sie die Richtung. Enden Sie mit der Übung wenn möglich mit Schulterkreisen zur Wirbelsäule, da dies die Atemmuskulatur dehnt, die Aufrichtung erhöht, das Lungenvolumen günstig beeinflusst und somit die Sauerstoffversorgung verbessert.

Aufgabe 1: In Wellen gelegt

Herr, unser Herrscher!

Groß ist dein Ruhm auf der ganzen Erde!

Deine Macht ist unermesslich:

Aus dem Lob deines geschlagenen Volkes

baust du eine Mauer,

an der deine Widersacher und Feinde

zu Fall kommen.

Ich bestaune den Himmel, den du gemacht hast,

Mond und Sterne auf ihren Bahnen.

Aufgabe 2: Detektiv

Finden Sie 10 Unterschiede zwischen den Abbildungen

Illustration: Johanna Sue Deußing

Wache Nase (W)

Gehen Sie mit »wacher« Nase durch Ihre Küche. Wie riecht das Gemüse, der Tee oder Kaffee? Möchten Sie öfter mal schnuppern? Stellen Sie sich Duftfläschchen her. Hierzu eignen sich leere Filmdosen, die Sie z.B. mit Duftstreifen aus der Parfümerie, mit Teebeuteln oder sonstigen Zutaten aus der Küche befüllen können.

Aufgabe 1: Lückentext

Es begab sich aber zu der _ _ _ _ , dass ein Gebot von Kaiser _ _ _ _ _ _ _ _ _ ausging, dass alle Welt _ _ _ _ _ _ _ _ _ _ _ würde.

Und diese Schätzung war die allererste und geschah zur Zeit, da Quirinius _ _ _ _ _ _ _ _ _ _ _ _ _ in Syrien war. Und jedermann ging, dass er sich schätzen ließe, ein jeder in seine _ _ _ _ _.

Da machte sich auf auch _ _ _ _ _ _ aus Galiläa, aus der Stadt _ _ _ _ _ _ _ _ _, in das jüdische Land zur Stadt _ _ _ _ _ _ _ , die da heißt _ _ _ _ _ _ _ _ _ _ _ , weil er aus dem Hause und Geschlechte Davids war, damit er sich schätzen ließe mit _ _ _ _ _ _ , seinem vertrauten Weibe; die war _ _ _ _ _ _ _ _ _ _ _. Und als sie dort waren, kam die Zeit, dass sie gebären sollte. Und sie gebar ihren ersten _ _ _ _ und wickelte ihn in _ _ _ _ _ _ _ _und legte ihn in eine _ _ _ _ _ _; denn sie hatten sonst keinen Raum in der _ _ _ _ _ _ _ _ _. Und es waren _ _ _ _ _ _ in derselben Gegend auf dem Felde bei den Hürden, die hüteten des Nachts ihre Herde.

Und der _ _ _ _ _ des Herrn trat zu ihnen, und die Klarheit des Herrn leuchtete um sie; und sie fürchteten sich sehr. Und der _ _ _ _ _ sprach zu ihnen: Fürchtet euch nicht! Siehe, ich verkündige euch große _ _ _ _ _ _, die allem _ _ _ _ widerfahren wird; denn euch ist heute der _ _ _ _ _ _ _ _ geboren, welcher ist _ _ _ _ _ _ _ _ _, der Herr, in der Stadt Davids.

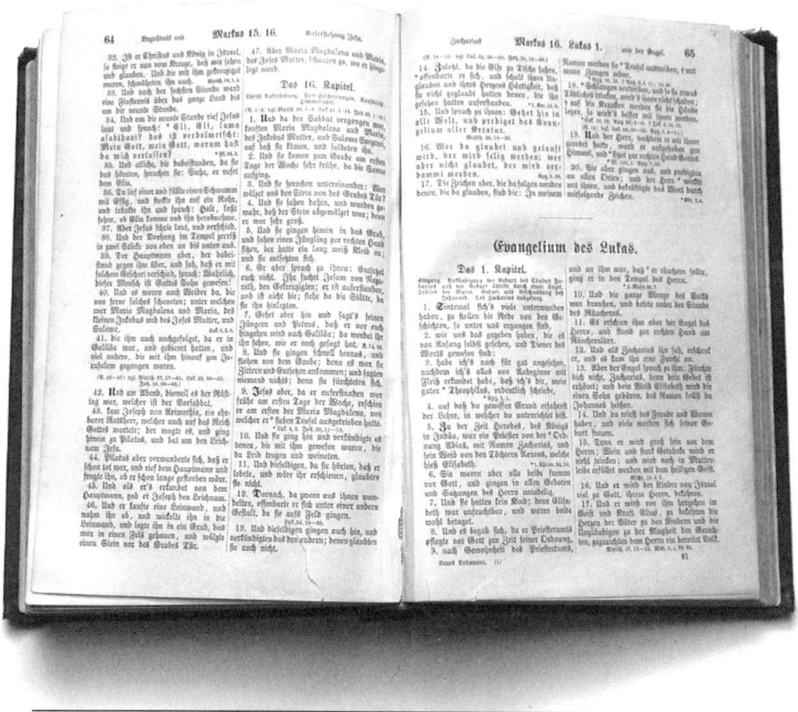

Aufgabe 2: Zahl und Buchstabe

Folgen Sie zuerst mit den Augen den Zahlen. Folgen Sie nun den Zahlen und den Buchstaben. Die Buchstaben ergeben in der Reihenfolge der aufsteigenden Zahlen einen Satz. Finden Sie heraus, wie der Satz heißt.

5 e   13 h

3 i   22 r

16 t

9 l   10 e

15 b   19n   21 e   2 e   23 r

6 S   17 d   7 e

12 r

4 n   14 e

1 M   20 H

11 e

24 n   8 e   18e

Krafttankstelle (A)

Stehen Sie aufrecht. Ihre Füße stehen hüftbreit und parallel. Knie und Hüfte sind leicht gebeugt. Wenn Sie einatmen, führen Sie die Arme mit geöffneten Händen seitlich über den Kopf. Die geöffneten Hände strecken sich dem Himmel entgegen und nehmen Kraft und Energie von oben entgegen.

Gebetshaltung aus dem Alten Testament

Wenn Sie mögen, können Sie diese Übung mit dem Gedanken verbinden: Gott der Herr ist meine Kraft und Stärke.

Mit dem Ausatmen lassen Sie die Arme vor dem Körper absinken und locker hängen. Die Handflächen zeigen in Blickrichtung.

Aufgabe 1: Verlorene Vokale

Hrr! Ich dnk nicht z hoch von mir,
ich scha af nimand hrab.
Ich frag nicht nach witgstcktn Ziln,
di nrrichbar fr mich sind.
Nin, still nd rhig ist min Hrz,
so wi in satts Kind im Arm dr Mttr –
still wi in solchs Kind bin ich gwordn.

Michelangelo: Die Sintflut (aus dem Deckengemälde der Sixtinischen Kapelle)

Aufgabe 2: Bestandsaufnahme

Schauen Sie sich das Bild auf der linken Seite genau an. Merken Sie sich möglichst viele Einzelheiten. Decken Sie dann die Seite ab und beantworten Sie die unten stehenden Fragen mit »richtig« oder »falsch«.

1. Im vorderen Teil des Bildes befindet sich ein umgedrehter Schemel

   ○ richtig ○ falsch

2. Auf dem Bild befinden sich zwei Bäume und ein Baumstumpf

   ○ richtig ○ falsch

3. Mehr als zehn Kinder sind zu sehen

   ○ richtig ○ falsch

4. Es sind keine Tierabbildungen zu sehen

   ○ richtig ○ falsch

18. Tag

Die Acht (B)

Stehen Sie aufrecht. Ihre Füße stehen hüftbreit und parallel. Knie und Hüfte sind leicht gebeugt. Führen Sie beide Hände mit gestreckten Armen in Schulterhöhe vor Ihrem Körper zusammen.

Zeichnen Sie nun eine liegende Acht in die Luft. Beginnen Sie nach rechts oder links oben. Folgen Sie Ihren Händen, die nun kleine und große liegende Achten malen, mit den Augen.

Aufgabe 1: Themenwörter

Wie viele Wörter fallen Ihnen in fünf Minuten ein, in denen das Wort »Glaube« steckt, z. B. **Glaube**nsväter, un**glaub**lich, Aber**glaube**?

Aufgabe 2: Buchstabenpfad

Folgen Sie den Pfeilen und Sie werden das Wort finden:

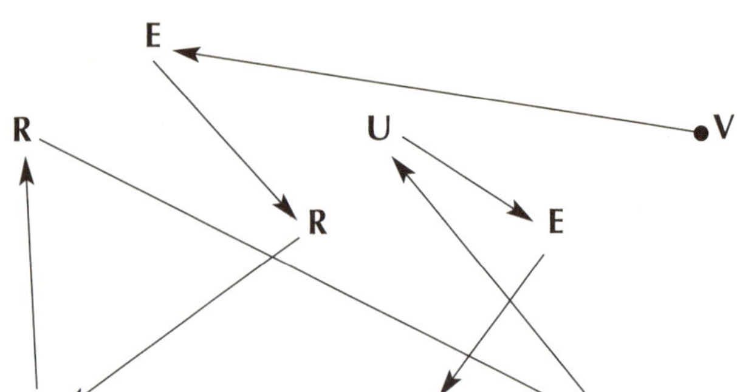

Tastsäckchen (W)

Haben Sie eine Krimskrams-Schublade? Wenn ja, ist sie wahrscheinlich der geeignete Ort, um Ihren Tastsinn zu schärfen. Können Sie mit geschlossenen Augen fünf bis sechs Gegenstände ertasten?

Mögen Sie's überraschender? Dann fragen Sie Ihren Partner oder Freunde, ob sie Ihnen mehrere kleine, alltägliche und/oder ungewöhnliche Gegenstände in eine Stofftasche füllen.

Aufgabe 1: Wer oder was

Wer gehört zu wem? Welche Person passt zu welcher anderen Person oder Sache? Verbinden Sie die entsprechenden Paare miteinander.

Hochzeit	Philippus
Betesda	Elisabeth
Jaïrus	Silberlinge
Herodes	der Jüngling
Philippus	Petrus
Witwe	Lazarus
Maria	Kaiphas
Andreas	Kana
Marta	Äthiopischer Finanzverwalter
Hannas	Barnabas
Hananias	der Kranke
Judas	Richter
Philippus	Saphira
Saulus	Nathanael
Nain	Tochter

Aufgabe 2: Buchstabenpfad

Folgen Sie den Pfeilen und Sie werden das Wort finden:

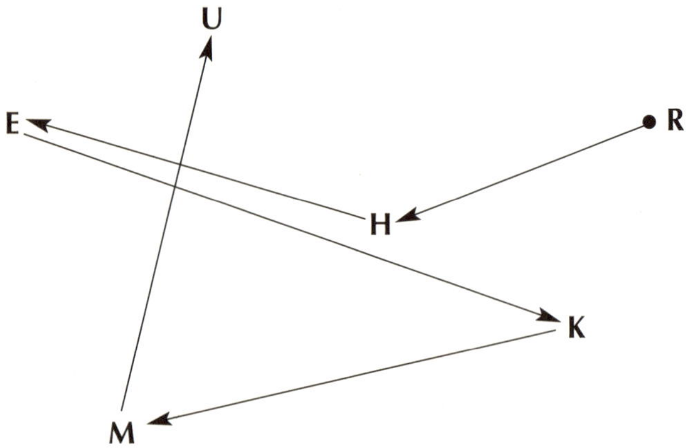

Spiegelwort und Spiegelbild (B)

Schreiben Sie mit beiden Händen Wörter in die Luft. Schreiben Sie die Wörter in einem zweiten Schritt von rechts nach links, mit der linken und/oder rechten Hand. Probieren Sie dann, mit beiden Händen spiegelbildlich zu schreiben. Sie können auch mit beiden Händen gleichzeitig abstrakte Kunst in die Luft malen. Vielleicht mögen Sie auch mit Stift und Papier Ihre Arbeit sichtbar werden lassen.

Aufgabe 1: Zeichensprache

Gehen Sie noch einmal zum Fingeralphabet auf Seite 76 zurück. Setzen Sie ein von Ihnen ausgesuchtes Wort zusammen. Führen Sie die entsprechenden Bewegungen durch und prägen Sie sich die Handhaltung ein.

Aufgabe 2: Welcher Name passt nicht zu den übrigen?

1. Jeremia, Jesaja, Joel, Josua, Jakobus
2. Rahel, Lea, Rebekka, Laban, Jafet

Aufgabe 3: Zeichensprache

Wiederholen Sie, ohne oben nachzusehen, noch einmal das von Ihnen gewählte Wort im Fingeralphabet. Überprüfen Sie anschließend die Handhaltungen auf Seite 76.

Erholungsreise (E)

Machen Sie es sich gemütlich. Setzen Sie sich bequem hin. Schließen Sie die Augen. Spüren Sie Ihrem ein- und ausgehenden Atem nach. Lassen Sie dies eine Weile geschehen. Stellen Sie sich nun eine imaginäre Tür vor, durch die Sie nun gehen. Auf der anderen Seite dieser Tür befindet sich Ihr persönlicher Lieblingsort. Hier können Sie entspannen, ruhig und gelöst sein. Mit diesem Ort verbinden Sie angenehme Gefühle und Erholung. Lassen Sie diesen Ort mit all seinen Gerüchen, Geräuschen und Farben auf sich wirken.

Nach ein paar Minuten nehmen Sie alle positiven Empfindungen mit und durchschreiten wieder die Tür zu Ihrem Ausgangsort. Achten Sie wieder auf Ihre Atmung. Spüren Sie den positiven Empfindungen nach.

Beenden Sie die Übung, indem Sie sich räkeln und strecken, die Hände ausschütteln und dreimal tief ein- und ausatmen.

Aufgabe 1: Bauplan

Schauen Sie sich das Bild auf der rechten Seite genau an, decken Sie die Seite ab und beantworten Sie folgende Fragen:

1. Wie viele Gartenstühle stehen auf der Terrasse?
2. Haben Sie eine oder zwei Personen auf dem Foto gesehen?
3. Sind alle drei Balkonkästen bepflanzt?
4. Wie viele Natursteine begrenzen die Terrasse zum Rasen hin?
5. Sind alle sichtbaren Fenster rechteckig oder gibt es auch andere Formen?

Aufgabe 2: Pausenlos

Der folgende Text ist ohne Silbentrennung und ohne Satzzeichen geschrieben.

MEINEGANZELIEBEGEHOERTDEINEMHAUSHERRDUG-
ROSSERUNDMAECHTIGERGOTTICHMOECHTEJETZT
DORTSEININDENVORHOEFENDESTEMPELSDIE-
SEHNSUCHTDANACHVERZEHRTMICHMITLEIB
UNDSEELESCHREIEICHNACHDIRDEMLEBENDIGEN
GOTTSOGARDIEVOEGELDUERFENBEIDIRWOHNENDIE
SCHWALBENBAUENIHRNESTBEIDEINENALTAEREN
UNDZIEHENDORTIHREJUNGENAUFHERRDU-
HERRSCHERDERWELTMEINKOENIGUNDMEINGOTT-
WIEGLUECKLICHSINDALLEDIEINDEINEMHAUS-
WOHNRECHTHABENUNDDICHDORTIMMERZUPREISENK
OENNENWIEGLUECKLICHSINDALLEDIEBEIDIRIH-
RESTAERKEFINDENUNDDENENESAMHERZEN-
LIEGTZUDEINEMHEILIGTUMZUZIEHENWENNSIE-
DURCHSWUESTENTALWANDERNBRECHENDORTQUELLEN
AUFMILDERREGENMACHTALLESGRUENUNDFRI-
SCHMITJEDEMSCHRITTWAECHSTIHREKRAFTBISSIEAUF-
DEMZIONSBERGVORDIRSTEHENHOEREMEINGEBET
GOTTDUHERRSCHERDER WELTACHTEAUFMEINEBITTEDU-
GOTTJAKOBSBLICKEFREUNDLICHAUFUNSERENBE-
SCHUETZERAUFDENKOENIGDENDUEINGESETZ-
THASTEINTAGIMVORHOFDEINESTEMPELSZAEHLTMEHRAL
SSONSTTAUSENDLIEBERANDERTUERDEINESHAUSES-
STEHENALSBEIMENSCHENWOHNENDIEDICHMISSACHTEN
JAGOTTDERHERRISTDIESONNEDIEUNSLICHTUNDLEBEN
GIBTERISTDERSCHILDDERUNSBESCHUETZTER
SCHENKTUNSSEINELIEBEUNDNIMMTUNSINEHREN
AUFALLENDIEUNTADELIGLEBENGEWAEHRTERDAS
HOECHSTEGLUECKHERRDUGROSSERUNDMAECHTIGER
GOTTWIEGUTHATESJEDERDERSICHAUFDICHVERLAESST

Schmeckt … (W)

Probieren Sie, wie ein Apfel oder Ihr Marmeladebrot schmeckt, wenn Sie sich beim Hineinbeißen die Nase zuhalten und der Geschmack nur über die Zunge erfahren wird.

Aufgabe 1: Anagramm

Bilden Sie aus dem Wort BAUMEISTER neue Worte. Sie können alle Buchstaben oder nur einen Teil der Buchstaben nutzen, um ein neues Wort zu bilden, aber Sie haben nur diese Buchstaben in dieser Anzahl zur Verfügung. Die Buchstaben können bei jedem neuen Wort, das Sie bilden, auch wieder neu genutzt werden.

Beispiele: Ameise, Tier, Meer …

Aufgabe 2: In Wellen gelegt

.tiekgiwE ella ni tsbielb ud dnu

,dnatstne neheW retnu edrE eid dnu nedruw

nerobeg egreB eid roveb ,nohcs tsraw ,ttoG ,uD

.ztuhcS resnu ud tsraw

neknedegnehcsneM ties ,rreH

Topfit (B)

Stellen Sie sich aufrecht hin, mit leicht gebeugten Knien und Hüften. Die Füße stehen hüftbreit und parallel. Beugen Sie sich nach vorne und schlagen Sie mit den Händen auf den Boden. Dabei rufen Sie: **Ich**

Richten Sie sich auf und schlagen Sie mit den Händen auf Ihre Oberschenkel und rufen: **bin**

Dann schlagen Sie sich auf das Brustbein und rufen: **top**. Nun werfen Sie die Arme über den Kopf und rufen: **fit.**

Wichtig ist bei dieser Übung, das Sie die Silben des Satzes »ich bin topfit« im gleichen Rhythmus sagen, in dem Sie die Bewegungen ausführen.

Wiederholen Sie die Übung fünfmal und variieren Sie das Tempo.

Aufgabe 1: Turmwort

Suchen Sie die jeweiligen Anfangsbuchstaben zu den angegebenen Wörtern und Sie werden senkrecht lesen können, was nach Römer 10,17 aus der Predigt kommt.

_ emeinschaft

_ iebe

_ gape

_ mkehren

_ uße

_ vangelium

_ achfolger

Aufgabe 2: Bergsteiger

.nekloW eid
eiw tiew os
thcier euerT enied dnu
,lemmiH red sla reßörg
tsi eteuG enied nned
;nreklöV nella rov
negnis hci lliw rid
nov ,knaD neniem hci
egnirb ,rreH ,riD

Atemräume (A)

Spüren Sie Ihre Atemräume. Setzen Sie sich bequem hin und legen Sie beide Hände auf Ihren Bauch. Spüren Sie, wie sich die Bauchdecke hebt und senkt beim Ein- und Ausatmen. Lassen Sie dies einfach geschehen. Nach einer Weile legen Sie nun beide Hände in den unteren Rücken (ans Kreuzbein). Spüren Sie Ihre Atmung auch dort?

Legen Sie nach einer Weile beide Hände in die Achselhöhlen, auf die Schultern, auf die unteren Rippenbögen links und rechts.

Beenden Sie diese Übung, indem Sie die Hände wieder auf den Bauch legen und ruhig ein- und ausatmen. Zum Abschluss räkeln und strecken Sie sich.

Aufgabe 1: Zahlenverschlüsselung

Entschlüsseln Sie den folgenden Text. Das unten stehende ABC wird Ihnen eine Hilfe sein. Jeder Strich entspricht einem Buchstaben.

A	B	C	D	E	F	G	H	I	J
1	2	3	4	5	6	7	8	9	10
K	L	M	N	O	P	Q	R	S	T
11	12	13	14	15	16	17	18	19	20
U	V	W	X	Y	Z				
21	22	23	24	25	26				

9 3 8   4 1 14 11 5   4 9 18   22 15 14

_ _ _   _ _ __ __ _   _ _ __   __ __ __

7 1 14 26 5 13   8 5 18 26 5 14;

_ _ __ __ _ __   _ _ __ __ _ __;

9 3 8   16 18 5 9 19 5   4 9 3 8

_ _ _   __ __ _ _ __ _   _ _ _ _

13 9 20   13 5 9 14 5 13   12 9 5 4

__ _ __   __ _ _ __ _ __   __ _ _ _

4 9 3 8   21 14 4   14 9 3 8 20   4 9 5

_ _ _ _   __ __ _   __ _ _ _ __   _ _ _

1 14 4 5 18 5 14   7 15 5 20 20 5 18.

_ __ _ _ __ _ __   _ __ _ __ __ _ __.

Aufgabe 2: Pausenlos

GROSSERGOTTWIRLOBENDICHHERRWIRPREISEN
DEINESTÄRKEVORDIRNEIGTDIEERDESICHUND
BEWUNDERTDEINEWERKEWIEDUWARSTVOR
ALLERZEITSOBLEIBSTDUINEWIGKEITALLESWAS
DICHPREISENKANNCHERUBIMUNDSERAPHINEN
STIMMENDIREINLOBLIEDANALLEENGELDIEDIR
DIENENRUFENDIRSTETSOHNERUHHEILIGHEILIG
HEILIGZUHERRERBARMERBARMEDICHLASS
UNSDEINEGÜTESCHAUENDEINETREUEZEIGE
SICHWIEWIRFESTAUFDICHVERTRAUENAUFDICH
HOFFENWIRALLEINLASSUNSNICHTVERLORENSEIN

Frei wie ein Adler (B)

Stellen Sie sich aufrecht hin.

Breiten Sie die Arme wie Flügel aus. Strecken und recken Sie sich mit ausgebreiteten Armen. Die Handinnenflächen zeigen zum Boden. Nun beginnen sie locker mit Ihren »Flügeln« zu schwingen. Stellen Sie sich vor, wie Sie sich in die Lüfte erheben, die Welt unter Ihnen kleiner wird und die Luft Sie trägt. Sie sind frei und voller Kraft wie ein Adler.

Aufgabe 1: Durch das ABC

zum Thema: Freiheit und Glauben

Bitte fügen Sie dem ABC entsprechend Wörter und Begriffe ein, die Sie mit den Begriffen »Freiheit« und »Glaube« assoziieren.

A ____________________	N ____________________
B ____________________	O ____________________
C ____________________	P ____________________
D ____________________	Q ____________________
E ____________________	R ____________________
F ____________________	S ____________________
G ____________________	T ____________________
H ____________________	U ____________________
I ____________________	V ____________________
J ____________________	W ____________________
K ____________________	Z ____________________
L ____________________	
M ____________________	

Aufgabe 2: Rücklauf

.gitref tsi nessE ?ettah neffahcsre teibegrhuR sad re sla
,ttoG etgas saW

26. Tag

Anti-Stress-Übung (E)

Schließen Sie Ihre Hände zu Fäusten. Halten Sie die Spannung ca. sieben Sekunden. Lösen Sie die Spannung abrupt und bewegen Sie die Finger. Spüren Sie der Entspannung nach. Wiederholen Sie diese Übung mehrmals.

Aufgabe 1: Ergänzung

Die Güte des Herrn ist's, dass wir nicht gar aus

sind, seine Barmherzigkeit hat noch kein Ende.

Aufgabe 2: Zeichensprache

Sie sehen im Folgenden noch einmal das Fingeralphabet. Versuchen Sie, den nachstehenden Text zu übersetzen. Bevor Sie auf Seite 76 zurückblättern, versuchen Sie sich zuerst noch einmal zu erinnern. Können Sie sich noch an einen Buchstaben erinnern?

____

____

____

Neugierig geworden, wie es weitergeht? Dann lesen Sie in Jesaja 5 die Fortsetzung des Weinbergliedes.

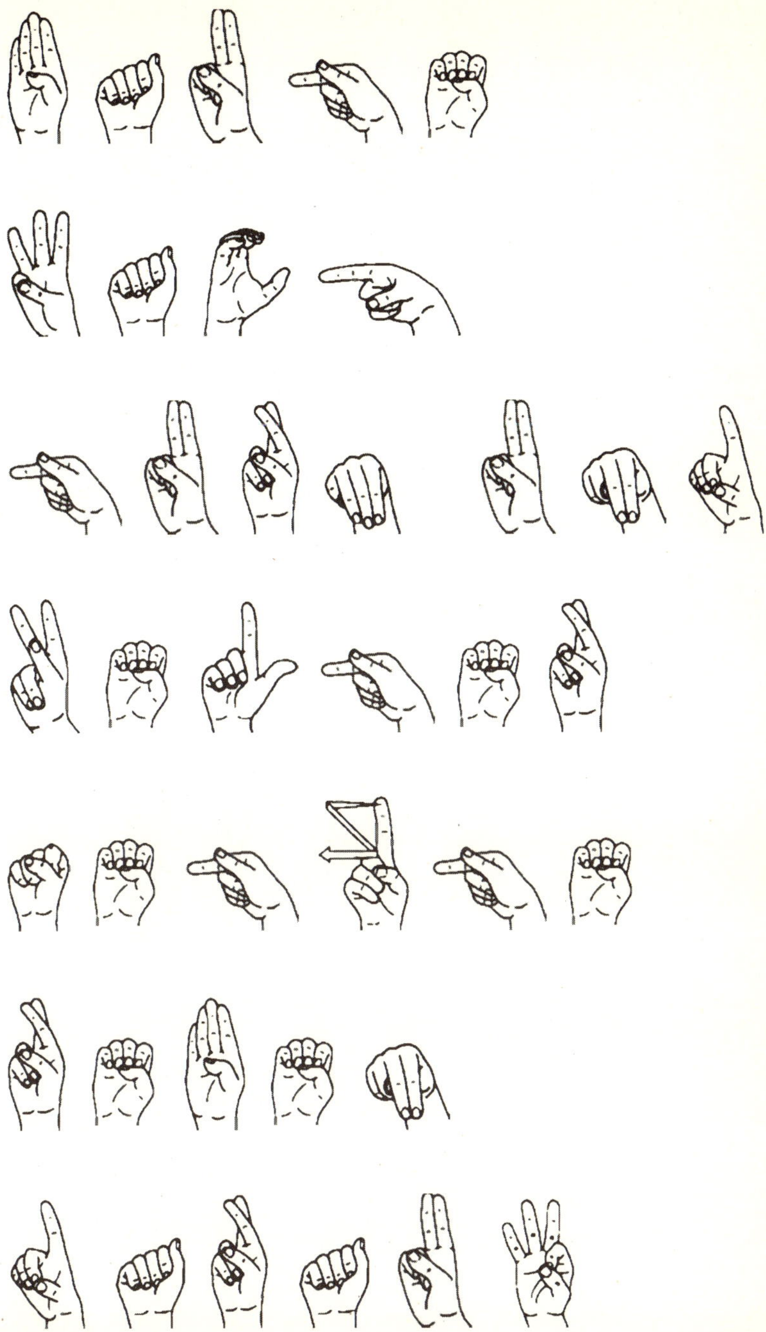

Augenwandertag (W)

Bewegen Sie beide Augen hin und her, nach oben und unten. Was können Sie, ohne den Kopf zu bewegen, links und rechts aus den Augenwinkeln heraus erkennen? Was können Sie nach oben oder unten noch sehen?

Suchen Sie sich drei Gegenstände in unterschiedlichen Entfernungen von möglichst nah bis weit entfernt. Wandern Sie nun erst mit beiden Augen, dann nur mit dem linken, dem rechten und zum Schluss wieder mit beiden Augen von einem Gegenstand zum anderen.

Lassen Sie nun Ihre Augen in der Gegend umherwandern.

Schließen Sie die Übung mit einer Wanderung in Form einer liegenden Acht ab.

Aufgabe 1: Routenplaner

Bitte merken Sie sich die mit Zahlen markierten Städtenamen.

Vielleicht hilft es Ihnen hier, wenn Sie die Städtenamen durch eine kleine Geschichte verbinden.

Bitte fügen Sie nun die fehlenden Städtenamen ein!

Aufgabe 2: Bergsteiger

.egeW

meniem fua

thciL nie

dnu ethcueL

seßuF seniem

tsi troW nieD

28. Tag

Wiederholen Sie eine der Übungen mit der Kennzeichnung E, B, A oder W, die Sie als positiv in Erinnerung behalten haben.

Aufgabe 1: Wortversteck

In diesem Wortversteck sind horizontal, vertikal und diagonal 20 Berufe aus der Bibel (Hoffnung für Alle) verborgen.

1 __________ 2 __________

3 __________ 4 __________

5 __________ 6 __________

7 __________ 8 __________

9 __________ 10 __________

11 __________ 12 __________

13 __________ 14 __________

15 __________ 16 __________

17 __________ 18 __________

19 __________ 20 __________

W E R T Z U H O L Z F A E L L E R G D C H K Z W X

S D F G H H K K M J L N K I G T H U J I K G X E D

F J N Z V R E T S I E M U A B H K L H N M J I B F

G C V Y X C V B N M J U K L O L K J J G F D S E F

O V G H H J K U L B S A R B A U R D S W E R T R Z

L A U R E U A B S F F I H C S A S E R O T E R D P

D D F G H J U T E W S D F G H J T H K H J U Z R R

S F G H J K L O A T E W R S D F O G H C H J K L I

C A S D E R F C V F T E T Z U I R I O P E U R D E

H S D F G H R E H C S I F H J U W F G H J A J K S

M B A C H E R G D S G E L E H R A H U T R W B O T

I D E R T Z G D O D F G H J K L E A R T H U R A E

E S E S E E G L H A B A K Z E H C A E R T Z U I R

D E G E J A H Z U B E R D F A N H F A U E R G E R

G U T E R C K I R C R J U T E D T D F G F G T H J

J E R I S C H I F H E K O L D A E F I S C H C O K

R T G Z U J G D A X R C V F R C R N M A L E S T A

F H I R T E F I E R U J N I L M N E R T U T A L M

B A L G E N M J U Z A K A N S D F G H Z R E D F G

Z U J G F D S A X C M L O Z A C R D F G H J K L M

L I E B E R L E S E R H A B E M N E S I E F R E U

D E A S T E I N H A U E R M S U R C R H E N H F E

S D F G H J K L O O Z T D X V B M E B H F D S A F

D I D I E N E R H D S G R S F H T H M F A H Z R D

T F R T Z U I O P L K J H G F H F G H M J F B G G

A F R T G H Z J J N H J A J C H G F D K I B E N M

D F R G L A D E C V F G D I F G H N J T A Z K E Y

L H A B T J E T R E F L R G T F D S H J K L I Z S

O F G H J K L O U H G F V B G T Z H N H R E W H R

S F R T Z U I Z A U B Z O L L B E A M T E R G E R

Klopfer (W)

Klopfen Sie mit lockeren Fäusten den ganzen Körper von unten nach oben ab. Zuerst die linke Körperhälfte und dann die rechte. Achten Sie auf die angenehme Wärme, die Ihren Körper durchströmt.

Aufgabe 1: Pausenlos

W A S D U G E T A N H A S T H E R R M A C H T
M I C H F R O H D E I N E I N G R E I F E N L O E S T
M E I N E N J U B E L A U S H E R R W I E
G E W A L T I G S I N D D E I N E T A T E N W I E
U N E R G R U E N D L I C H D E I N E G E D A N K E N .

Aufgabe 2: Detektiv

Finden Sie 10 Unterschiede auf den Bildern der Seiten 130/ 131.

Ruheraum (W)

Schließen Sie Ihre Augen und erspüren Sie Ihr Umfeld.

Machen Sie sich alle fernen und nahen Geräusche bewusst. Vielleicht nehmen Sie einen Geruch wahr?

Welcher dieser Eindrücke ist Ihnen am angenehmsten? Vielleicht möchten Sie diesen Eindruck mit in Ihren weiteren Alltag nehmen?

Aufgabe 1: Durch das ABC

Was hat Ihnen an diesem Programm gefallen?
Was hat Ihnen gut getan?
Welche persönlichen Abwandlungen möchten Sie umsetzen?
Notieren Sie Ihre eigenen Ideen zu Fitnesstrainings für Ihr Gedächtnis!

____

____

____

____

____

____

____

Aufgabe 2: Pausenlos

DERHERRSEGNEDICHUNDBEHUETEDICHDER
HERRLASSESEINANGESICHTLEUCHTENUEBER
DIRUNDSEIDIRGNAEDIGDERHERRHEBESEIN
ANGESICHTUEBERDICHUNDGEBEDIRFRIEDEN

Aufgabe 2., 29. Tag

Friedrich Overbeck: Jakob wird von seinen Brüdern verkauft

Auflösungen für das Übungsprogramm

1. Tag

Aufgabe 2: Verrückte Trennung

Damals wollten einige Leute ihre Kinder zu Jesus bringen, damit er ihnen die Hände auflege und für sie bete; aber die Jünger fuhren sie an und wollten sie wegschicken. Da sagte Jesus: »Lasst doch die Kinder! Hindert sie nicht, zu mir zu kommen; denn für Menschen wie sie steht Gottes neue Welt offen.« Dann legte er den Kindern segnend die Hände auf und zog von dort weiter.

(Matthäus 19,13-15; Gute Nachricht)

2. Tag

Aufgabe 1: Schäfchen zählen

Zu den 17 wird für die Teilung eins ausgeliehen und dann erst wird geteilt: Die Hälfte von 18 ist 9, ein Drittel von 18 ist 6 und ein Neuntel von 18 ist 2, ergibt insgesamt 17.

Aufgabe 2: Anfang und Ende

Auflösung: Der Text ist ein irischer Segensspruch:

Freundlich hast du mich
Aus dem Dunkel der Nacht
Ans Licht des neuen Tages geführt.
Lob sei dir, oh guter Gott!
Segne diesen Tag und alle meine Tage,

die ich unterwegs bin zu dir.
Auf schmalen Straßen
Komme ich zu deiner bergenden Burg.
Schütze mich auf dem Meer und auf dem Land
Wie du Brendan geschützt hast und Bran.
Ergreife ganz von mir Besitz
Und flüstere dein Wort in mein Ohr.

3. Tag

Aufgabe 1: Puzzle

Siehe rechts.

Aufgabe 2: Verlorene Vokale

Jesus wurde in der Stadt Bethlehem in Judäa geboren, zur Zeit, als König Herodes das Land regierte. Bald nach seiner Geburt kamen Sterndeuter aus dem Osten nach Jerusalem und fragten: »Wo finden wir den neugeborenen König der Juden? Wir haben seinen Stern aufgehen sehen und sind gekommen, um ihm zu huldigen.«

(Matthäus 2,1-2; Gute Nachricht)

4. Tag

Aufgabe 1: Wortversteck

siehe rechts

Aufgabe 2: Bergsteiger

Geh aus mein Herz und suche Freud
In dieser schönen Sommerzeit
An deines Gottes Gaben.
Schau an der schönen Gärten Zier
Und siehe, wie sie dir und mir
sich ausgeschmücket haben.

5. Tag

Aufgabe 1: Geheimbotschaft

Großes Weh am kleinen Zeh
Gelegen

Aufgabe 2: Cäsars Verschiebechiffre

Der Himmel verkündet: Gott ist groß!

6. Tag

Aufgabe 2: In Wellen gelegt

Herr, ich habe lieb die Stätte deines Hauses und den Ort, da deine Ehre wohnt.

(Psalm 26,8; Luther)

A	S	D	B	T	J	I	K	F	S	S	X	W	E	**F**	**E**	**I**	**G**	**E**	**N**
G	H	T	D	V	H	J	I	K	G	J	Z	U	O	P	Ü	I	U	J	N
H	X	D	V	B	N	H	U	E	R	G	E	R	S	F	U	K	A	K	K
O	E	F	Z	U	G	A	P	F	B	**O**	C	R	H	U	F	K	U	R	**R**
N	A	S	S	D	A	C	H	R	I	**L**	K	U	H	B	E	K	O	L	**O**
I	D	S	A	**M**	**E**	**H**	**L**	W	R	**I**	Z	U	N	**F**	N	U	S	S	**S**
G	F	L	A	**O**	M	E	J	A	K	**V**	L	R	O	**L**	L	I	N	R	**I**
G	T	Z	C	**S**	S	Z	K	O	L	**E**	P	M	V	**A**	F	L	B	R	**N**
A	T	J	P	**T**	J	L	I	B	A	**N**	I	G	I	**D**	K	I	F	X	**E**
R	T	H	O	N	A	W	I	L	F	**O**	T	U	R	**E**	H	U	Z	A	**N**
F	E	I	L	A	S	R	T	H	**W**	**E**	**I**	**Z**	**E**	**N**	O	P	W	E	**K**
K	**R**	**A**	**E**	**U**	**T**	**E**	**R**	H	O	**L**	M	U	R	**B**	T	X	S	U	**U**
M	**I**	**L**	**C**	**H**	R	E	T	W	A	S	D	R	T	**R**	I	O	K	J	**C**
O	G	**W**	**E**	**I**	**N**	**T**	**R**	**A**	**U**	**B**	**E**	**N**	O	**O**	Z	T	R	S	**H**
U	H	D	X	V	H	U	O	P	L	Ü	H	S	N	**T**	K	O	P	L	**E**
B	F	Z	I	P	J	D	W	R	U	O	G	S	Y	Z	D	L	**O**	V	**N**
F	L	A	D	E	N	T	E	**W**	**I**	**L**	**D**	F	R	H	U	I	**B**	B	E
F	J	U	R	E	D	G	Z	U	I	W	I	H	S	T	W	D	**S**	F	R
R	F	R	Z	J	T	D	E	X	G	J	O	Ö	H	F	C	F	**T**	U	E
L	**I**	**N**	**S**	**E**	**N**	**S**	**U**	**P**	**P**	**E**	G	T	U	I	B	X	D	G	P

7. TAG

Aufgabe 1: Zeichensprache

Auf fruchtbarem Hügel , da liegt mein Stück Land,
dort hackt ich den Boden mit eigener Hand.

(Jesaja 5,1b-2a; Gute Nachricht)

8. TAG

Aufgabe 1: Pausenlos

Du führst mich den Weg zum Leben. In deiner Nähe finde ich ungetrübte Freude; aus deiner Hand kommt mir ewiges Glück.

(Psalm 16,11; Gute Nachricht)

9. TAG

Aufgabe 1: Wer gehört zu wem?

Delila	–	Simson
Adam	–	Eva
Josef	–	Maria
Jonathan	–	David
Martha	–	Maria
Josef	–	Benjamin
Elisabeth	–	Zacharias
Jakobus	–	Johannes
Kain	–	Abel

10. Tag

Aufgabe 1: Ein Wort vom Kreuz

Das Lösungswort lautet GEMEINSCHAFT.

11. Tag

Aufgabe 1: Wortversteck

Siehe Folgeseite.

Aufgabe 2: Pausenlos

Der Herr erhöre dich in der Not, der Name des Gottes Jakobs schütze dich!
Er sende dir Hilfe vom Heiligtum und stärke dich aus Zion!

(Psalm 20,2-3, Luther)

A	B	C	D	E	F	G	H	**A**	**U**	**S**	**O**	**J**	K	I	U	G	C	D	X
N	**I**	**M**	**R**	**O**	**D**	G	Z	G	D	X	D	A	H	D	E	B	O	**S**	A
D	E	F	R	G	V	G	T	H	**S**	**U**	**S**	**E**	**J**	H	A	G	A	**A**	H
J	A	G	R	G	T	J	U	K	N	V	X	C	V	G	H	Z	E	**R**	A
A	**I**	**A**	**M**	**L**	**A**	**T**	D	E	G	F	D	E	C	F	G	H	U	**A**	F
D	E	T	F	Z	H	**A**	R	Z	J	A	D	F	G	R	G	C	G	T	H
K	E	D	R	T	T	**M**	S	A	S	A	D	**B**	**O**	**K**	**A**	**J**	T	F	S
E	Z	H	B	C	N	**A**	**B**	**R**	**A**	**H**	**A**	**M**	H	D	C	N	O	J	U
F	R	T	W	R	T	**R**	J	S	U	S	E	D	A	S	F	E	T	Z	J
D	E	F	R	G	**I**	H	J	K	L	G	D	S	E	U	R	O	D	A	S
F	**E**	J	K	T	**S**	D	C	V	B	N	M	C	V	B	N	M	H	F	**D**
D	**L**	J	G	T	**A**	F	C	V	B	N	E	W	D	C	C	**A**	K	Z	**E**
L	**E**	**A**	H	T	**A**	U	T	O	D	F	**N**	N	E	I	N	**V**	F	A	**B**
D	**A**	C	H	R	**K**	**E**	**D**	**A**	**R**	G	**I**	B	G	T	D	**E**	J	I	**O**
K	**S**	B	E	N	J	Z	R	D	X	V	**M**	L	R	E	S	C	G	T	**R**
F	**A**	R	T	G	Z	H	I	**E**	**L**	**D**	**A**	**D**	S	A	D	**B**	R	S	**A**
E	**R**	H	U	T	R	D	C	G	G	Z	**J**	K	E	W	F	**A**	M	K	I
D	E	T	D	E	T	Z	J	I	N	Z	**N**	L	E	R	T	**H**	M	I	V
T	R	E	S	C	F	G	H	Z	J	I	**E**	K	G	R	D	**A**	H	U	T
F	E	T	A	S	E	A	D	T	B	M	**B**	N	F	R	M	**R**	N	B	M

12. Tag

Aufgabe 1: Buchstabensuche

1 Buchstabe: J
Jerusalem, Jericho, Josua, Jerobeam

2 Buchstaben:
Ka: Kain, Kamel, Kammer, Kampf
Ab: Abraham, Abschied, abnehmen
Am: Amme, Amen, Ameise

3 Buchstaben: Kra
Kranich, Kraft, Krankheit, Kraut

Aufgabe 2

z.B. Ebene, Ehe, Ecke, Eile, Eiche, Elle, Enge, Erbe, Erde, Eule, Ernte, Ende

Aufgabe 3: Anfang und Ende

Nur auf Gott vertraue ich und bin ruhig; von ihm allein erwarte ich Hilfe. Er ist der Fels und die Burg, wo ich in Sicherheit bin. Wie soll ich da wanken?

(Psalm 62,2-3; Gute Nachricht)

13. Tag

Aufgabe 1: Verrückte Trennung

Gott hat der Sonne ein Zelt gebaut. Sie kommt daraus hervor wie der Bräutigam aus dem Brautgemach, wie ein Sieger betritt sie ihre Bahn.

(Psalm 19,5b.6; Gute Nachricht)

14. Tag

Aufgabe 1: Spurensuche

Schlaf, Synagoge, Saul, Stephanus, Saulus, Sinai, Salomo, Sara, Sacharja, Senfkorn, Simeon

Aufgabe 2: Verrückte Trennung

Freuen dürfen sich alle, die nur noch von Gott etwas erwarten – mit Gott werden sie leben in seiner neuen Welt.
Freuen dürfen sich alle, die unter dieser heillosen Welt leiden – Gott wird ihnen die Erde zum Besitz geben.
Freuen dürfen sich alle, die auf Gewalt verzichten – Gott wird ihrem Leid für immer ein Ende machen.
Freuen dürfen sich alle, die danach hungern und dürsten, dass sich auf der Erde Gottes gerechter Wille durchsetzt – Gott wird ihren Hunger stillen.
Freuen dürfen sich alle, die barmherzig sind – Gott wird auch mit ihnen barmherzig sein.
Freuen dürfen sich alle, die im Herzen rein sind – sie werden Gott sehen.

(Matthäus 5,3-8; Gute Nachricht)

Lösung zu S. 98/99; Aufgabe 2

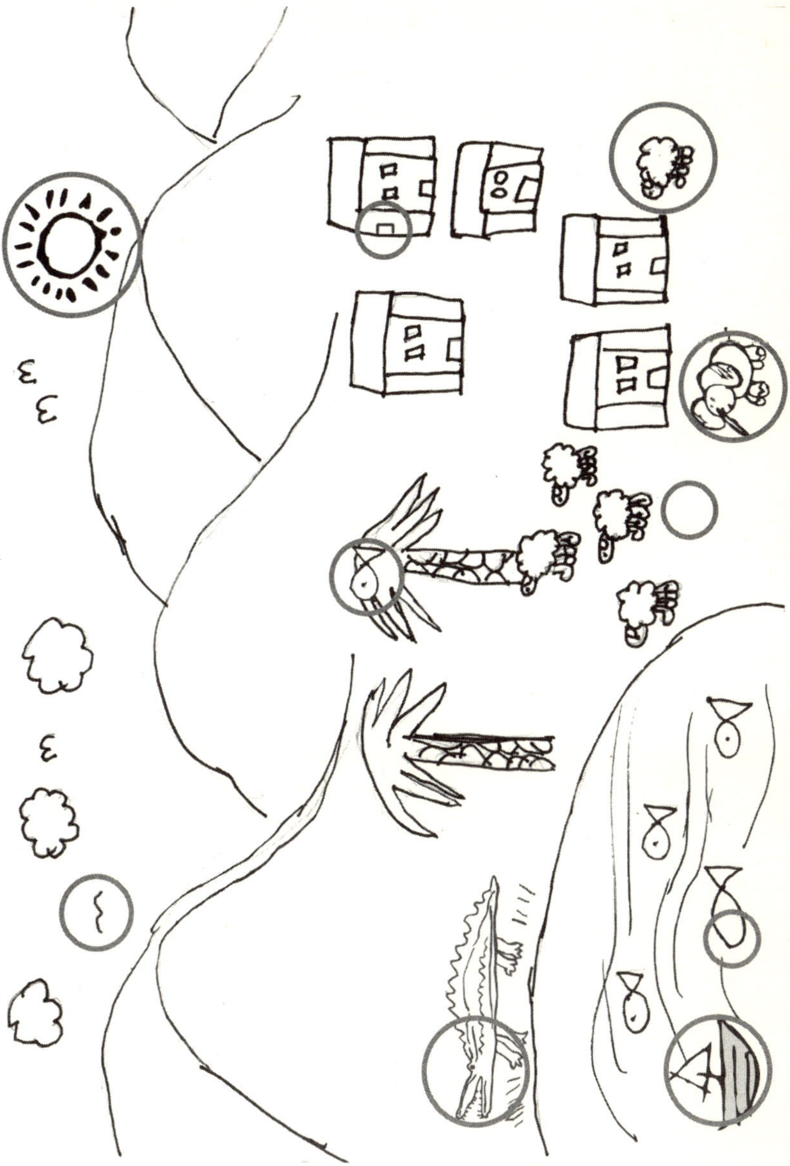

15. TAG

Aufgabe 1:

Herr, unser Herrscher!
Groß ist dein Ruhm auf der ganzen Erde!
Deine Hoheit reicht höher als der Himmel.
Aus dem Lobpreis der Schwachen und Hilflosen baust du eine Mauer,
an der deine Widersacher und Feinde zu Fall kommen.
Ich bestaune den Himmel, das Werk deiner Hände,
den Mond und alle die Sterne,
die du geschaffen hast.

(Psalm 8,2-4; Gute Nachricht)

Aufgabe 2: Detektiv

Auflösung siehe S. 143

16. TAG

Aufgabe 1: Lückentext

Zeit, Augustus, geschätzt, Statthalter, Stadt, Josef, Nazareth, Davids, Bethlehem, Maria, schwanger, Sohn, Windeln, Krippe, Herberge, Hirten, Engel, Engel, Freude, Volk, Heiland, Christus

(Lukas 2,1-11; Luther)

Aufgabe 2: Zahl und Buchstabe

Meine Seele erhebt den Herrn.

(Lukas 1,46; Luther)

17. Tag

Aufgabe 1: Verlorene Vokale

In diesem Text fehlen alle »U« und »E«:

(Psalm 131,1-2; Gute Nachricht)

Aufgabe 2: Bestandsaufnahme

1. richtig
2. richtig
3. falsch
4. falsch

18. Tag

Aufgabe 2: Buchstabenpfad

Lösungswort: Vertrauen

19. Tag

Aufgabe 1: Wer oder was

Hochzeit	–	Kana
Betesda	–	der Kranke
Jairus	–	Tochter
Herodes	–	Philippus (Bruder von Herodes)
Philippus	–	Äthiopischer Finanzverwalter
Witwe	–	Richter
Maria	–	Elisabeth
Andreas	–	Petrus (Brüder)
Marta	–	Lazarus (Geschwister)
Hannas	–	Kaiphas (Hannas ist Schwiegervater von Kaiphas)
Hananias	–	Saphira (Ehepaar)
Judas	–	Silberlinge
Philippus	–	Nathanael (Jünger)
Saulus	–	Barnabas
Nain	–	der Jüngling

Aufgabe 2: Buchstabenpfad

Lösungswort: Umkehr

20. Tag

Aufgabe 2: Welcher Name passt nicht zu den anderen?

Jakobus	–	Neues Testament
Jafet	–	Sohn Noahs, gehört nicht zu Jakobs Sippe

21. Tag

Aufgabe 2: Pausenlos

Psalm 84; Gute Nachricht

22. Tag

Aufgabe 2: In Wellen gelegt

Herr, seit Menschengedenken warst du unser Schutz.
Du, Gott, warst schon, bevor die Berge geboren wurden
und die Erde unter Wehen entstand,
und du bleibst in alle Ewigkeit.

(Psalm 90,1-2; Gute Nachricht)

23. Tag

Aufgabe 1: Turmwort

Lösungswort: GLAUBEN

Aufgabe 2: Bergsteiger

Dir, Herr, bringe ich meinen Dank, von dir will ich singen vor allen Völkern; denn deine Güte ist größer als der Himmel und deine Treue reicht so weit wie die Wolken!

(Psalm 108,4-5; Gute Nachricht)

24. Tag

Aufgabe 1: Zahlenverschlüsselung

Ich danke dir von ganzem Herzen; ich preise dich mit meinem Lied, dich und nicht die anderen Götter!

(Psalm 138,1; Gute Nachricht)

Aufgabe 2: Pausenlos

Großer Gott, wir loben dich, Str. 1-2 und 11.

(Evang. Gesangbuch Nr. 331)

25. Tag

Aufgabe 2: Rücklauf

Was sagte Gott, als er das Ruhrgebiet erschaffen hatte? Essen ist fertig.

26. Tag

Aufgabe 1: Ergänzung

Die Güte des Herrn ist's, dass wir nicht gar aus sind, seine Barmherzigkeit hat noch kein Ende.

(Klagelieder 3,22; Luther)

Aufgabe 2: Zeichensprache

Ich mühte mich ab und las Felsbrocken auf, baute Wachturm und Kelter, setzte Reben darauf.

(Jesaja 5,2; Gute Nachricht)

27. Tag

Aufgabe 2: Bergsteiger

Dein Wort ist meines Fußes Leuchte und ein Licht auf meinem Wege.

(Ps 119,105; Luther)

28. Tag

Aufgabe 1: Wortversteck

Die Berufsbezeichnungen entstammen der Bibelübersetzung »Hoffnung für alle«. Siehe Seite 150.

Zimmermann, Richter, Schlosser, Bäcker, Holzfäller, Steinhauer, Zollbeamter, Goldschmied, Torwächter, Weber, Priester, Diener, Koch, Fischer, Baumeister, Schiffsbauer, Hirte, Seefahrer, Maurer, Soldat

29. Tag

Aufgabe 1: Pausenlos

Was du getan hast, Herr, macht mich froh;
Dein Eingreifen löst meinen Jubel aus.
Herr, wie gewaltig sind deine Taten,
wie unergründlich deine Gedanken!

(Psalm 92,5-6; Gute Nachricht)

Aufgabe 2: Detektiv

Die Lösung für das Suchbild finden Sie auf Seite 151.

W E R T Z U **H O L Z F A E L L E R** G D C H K Z **W** X

S D F G H H K K M J L N K I G T H U J I K G X **E** D

F J N Z V **R E T S I E M U A B** H K L H N M J I **B** F

G C V Y X C V B N M J U K L O L K J J G F D S **E** F

O V G H H J K U L B S A R B A U **R** D S W E R T **R** Z

L A U **R E U A B S F F I H C S** A S **E** R O T E R D **P**

D D F G H J U T E W S D F G H J **T** H **K** H J U Z R **R**

S F G H J K L O A T E W **R** S D F **O** G H **C** H J K L **I**

C A S D E R F C V F T **E** T Z U I **R** I O P **E** U R D **E**

H S D F G H **R E H C S I F** H J U **W** F G H J **A** J K **S**

M B A C H E R G D **S** G E L E H R **A** H U T R W **B** O **T**

I D E R T Z G D **O** D F G H J K L **E** A R T H U R A **E**

E S E S E E G **L** H A B A K Z E H **C** A E R T Z U I **R**

D E G E J A **H** Z U B E R D F A N **H** F A U E R G E R

G U T E R **C** K I R C **R** J U T E D **T** D F G F G T H J

J E R I **S** C H I F H **E** K O L D A **E** F I S C **H C O K**

R T G Z U J G D A X **R** C V F R C **R** N M A L E S T A

F **H I R T E** F I E R **U** J **N** I L M N E R T U T A L M

B A L G E N M J U Z **A** K A **N** S D F G H Z R E D F G

Z U J G F D S A X C **M** L O Z **A** C R D F G H J K L M

L I E B E R L E S E R H A B E **M** N E S I E F R E U

D E A **S T E I N H A U E R** M S U **R** C **R** H E N H F E

S D F G H J K L O O Z T D X V B M **E** B H F D S A F

D I **D I E N E R** H D S G R S F H **T** H **M** F A H Z R D

T F R T Z U I O P L K J H G F **H** F G H **M** J F B G G

A F R T G H Z J J N H J A J **C** H G F D K **I** B E N M

D F R G L A D E C V F G D **I** F G H N J T A **Z** K E Y

L H A B T J E T R E F L **R** G T F D S H J K L I Z S

O F G H J K L Ö U H G F V B G T Z H N H R E W H R

S F R T Z U I Z A U B **Z O L L B E A M T E R** G E R

Aufgabe 2: Pausenlos

Der Herr segne dich und behüte dich; der Herr lasse sein Angesicht leuchten über dir und sei dir gnädig; der Herr hebe sein Angesicht über dich und gebe dir Frieden.

(4. Mose 6,24-26; Luther)

Interessante Internetseiten und Literatur

www.aerztezeitung.de

www.biblionaer.de

Bibelquiz im Stil von »Wer wird Millionär« mit einer fiktiven Gewinnsumme

www.bvgt.de

- Ausbildung und Fortbildung für ganzheitliches Gedächtnistraining
- Wechselnde Übungsaufgaben
- Adressen von GedächtnistrainerInnen, die Gruppen leiten

www.dge.de

Seite der Deutschen Gesellschaft für Ernährung mit umfassenden Informationen

www.deutsche-alzheimer.de

www.alzheimerinfo.de

www.GedächtnisOnline.de

Ein Online-Gedächtnistest mit Adressen für Gedächtnissprechstunden

www.gedaechtnissport.de

Techniken und Informationen über Gedächtnismeisterschaften

www.gehirnjoggerzentrale.de

ein Online-Shop für Gedächtnistrainingsmaterialien

www.gfg-online

Seite der Gesellschaft für Gedächtnistraining e.V. mit Links

www.memoryXL.de

- Herunterladen eines kostenlosen Gedächtnistrainers mit Fehleranzeige und Trainingsmodus
- Information über Gedächtnistrainings- / Lernmethoden
- Informationen über Gedächtnismeisterschaften
- Informationen für Lehrer

www.MemoVision.de

Homepage von Dr. Gunther Karsten, mehrfacher Deutscher Gedächtnismeister und Weltmeister; Informationen über Seminare

www.methode.de

u.a. Mnemotechniken und Gedächtnistrainer als Bildschirmschoner

www.philognosie.net/index.php/tests

Lerntypentest mit Auswertung

www.quarks.de

Seite der Sendung Quarks & Co

www.stangl-taller.at/ARBEITSBLAETTER

Wissenswertes zum Thema Kinesiologie, Gedächtnis und Denken

www.uni-marburg.de/sleep/dgsm/rat/welcome.html

Wissenswertes zum Thema Schlaf samt Ratgeber für Patienten mit Schlafstörungen

www.wikipedia.de

das Mitmach-Lexikon im Internet

www.wissenschaft.de

Wissenswertes zur Hirnforschung

www.1.ku-eichstaett.de/PPF/PDMueller/lerntech/cd/method/lerntyp.htm

Informationen und Erstellung eines Lerntypentests

www.5amtag.de

- Ernährungsinformationen speziell zu Obst und Gemüse
- Spiele zu diesem Thema zum kostenlosen Downloaden

Benutzte und weiterführende Literatur

Carter, Rita:
Beat Memory Loss. London: Cassell Illustrated, 2006.

Faller, Adolf:
Der Körper des Menschen. Neu bearbeitet von Michael Schünke. Stuttgart: Thieme, 14. Aufl. 2004.

Forssmann, W.G.; Heym, Chr.:
Grundriss der Neuroanatomie. Berlin u.a.: Springer, 2. Aufl. 1975.

Gose, Kathleen; Levi, Gloria:
Wo sind meine Schlüssel? Gedächtnistraining in der zweiten Lebenshälfte. Reinbek bei Hamburg: Rowohlt, Neuausg. 2004.

Hennerici, Michael G. (Hrsg.):
Ärztlicher Ratgeber Problem Gedächtnis. Baierbrunn: Wort und Bild, 2. Aufl. 2004.
(Nur über Apotheken oder den Verlag zu beziehen.)

Herkert, Rolf:
Die 90-Sekunden-Pause. Erholung und Energie, wann immer Sie sie brauchen. München: Integral, erw. und überarb. Neuausg. 1998.

Ivemeyer, Dorothee; Zerfaß, Rainer:
Demenztests in der Praxis. Ein Wegweiser. München: Urban&Fischer bei Elsevier, 2. Aufl. 2005.

Katz, Lawrence C.; Rubin, Manning:
Neurobics – Fit im Kopf. 83 Übungen zur Leistungs-

steigerung des Gehirns. München: Mosaik bei Goldmann, 2001.

Kolb, Klaus; Miltner, Frank:
Gedächtnis-Training. Der schnelle Weg zur Spitzenleistung. München: Gräfe&Unzer, 9. Aufl. 2005.

Lüthi, Cornelia A.:
Feed Your Brain. Brainfood macht leistungsfähiger und denkschneller. Zürich: Orell Füssli, 2. Aufl. 2002.

Middendorf, Ilse:
Der erfahrbare Atem. Eine Atemlehre. Paderborn: Junfermannsche Verlagsbuchhandlung, 8. Aufl. 1995.

Moll, Karl J.:
Anatomie. Kurzlehrbuch zum Gegenstandskatalog I. München: Urban&Fischer bei Elsevier, 17. Aufl. 2003.

Oswald, Wolf D.:
SimAR-basic-Gedächtnistraining und Psychomotorik. Göttingen: Hogrefe, 2005.

Rigling, Petra:
Hirnleistungstraining. Übungen zur Verbesserung der Konzentrationsfähigkeit. Dortmund: modernes lernen, 7. verb. Aufl. 2002.

Schmidt, Hans H.:
Gehirn-Jogging mit der Bibel. Gießen: Brunnen, 2. Aufl. 2005.

Schmidt, Robert F.; Schaible, Hans G. (Hrsg.):
Neuro- und Sinnesphysiologie. Berlin u.a.: Springer, 4. Aufl. 2001.

Schumecker, Franz J.:
- 50 Schritte – für Senioren.
- 50 Schritte – Namen und Gesichter.0
- 50 Schritte – Nummern und Zahlen.
Kempen: moses, 2003.

Schwebke, Frank R.:
Der Weg zum Superhirn.
Schlauer, schneller, kreativer. München: Gräfe&Unzer, 3. Aufl. 2002.

Sonntag, Robert:
Blitzschnell entspannt. 100 verblüffend leichte Wege, wie Sie in Sekunden Ihre innere Ruhe finden und neue Kraft schöpfen. Stuttgart: Trias, 2. Aufl. 2005.

Zimmer, Renate:
Handbuch der Sinneswahrnehmung. Grundlagen einer ganzheitlichen Erziehung. Freiburg: Herder, 12. Aufl. 2004.